Livre 2

OPTIMISEZ VOTRE POTENTIEL

GRÂCE À LA PUISSANCE DE VOTRE SUBCONSCIENT POUR OBTENIR

La Prospérité et la Réussite

Livre 2

OPTIMISEZ VOTRE POTENTIEL

GRÂCE À LA PUISSANCE DE VOTRE SUBCONSCIENT POUR OBTENIR

La Prospérité et la Réussite

Deuxième d'une série de six livres du
Dr Joseph Murphy

Édité et mis à jour pour le XXIe siècle
par Arthur R. Pell, Ph.D.

Traduit de l'anglais
par Claire Perreault

AdA Inc.

DR. JOSEPH MURPHY

Éditeur : François Doucet
Traduction : Claire Perreau
Révision linguistique : Serge Trudel
Correction d'épreuves : Suzanne Turcotte, Nancy Coulombe
Montage de la couverture : Matthieu Fortin
Design de la couverture : Charles McStravick
Mise en page : Sébastien Michaud
ISBN : 978-2-89565-780-4
Première impression : 2008
Dépôt légal : 2008
Bibliothèque et Archives nationales du Québec
Bibliothèque Nationale du Canada

Éditions AdA Inc.
1385, boul. Lionel-Boulet
Varennes, Québec, Canada, J3X 1P7
Téléphone : 450-929-0296
Télécopieur : 450-929-0220
www.ada-inc.com
info@ada-inc.com

Diffusion

Canada:	Éditions AdA Inc.
France:	D.G. Diffusion Z.I. des Bogues 31750 Escalquens - France Téléphone : 05.61.00.09.99
Suisse :	Transat - 23.42.77.40
Belgique :	D.G. Diffusion - 05.61.00.09.99

Imprimé au Canada

Participation de la SODEC.
Nous reconnaissons l'aide financière du gouvernement du Canada par l'entremise du Programme d'aide au développement
de l'industrie de l'édition (PADIÉ) pour nos activités d'édition.
Gouvernement du Québec - Programme de crédit d'impôt pour l'édition de livres - Gestion SODEC.

Catalogage avant publication de Bibliothèque et Archives nationales du Québec et Bibliothèque et Archives Canada

Murphy, Joseph, 1898-1981

Optimisez votre potentiel grâce à la puissance de votre subconscient pour obtenir la prospérité et la réussite

Traduction de: Maximize your potential through the power of your subconscious mind to create wealth and success.

ISBN 978-2-89565-780-4

1. New Thought. 2. Succès - Aspect psychologique. 3. Richesse - Aspect psychologique. I. Pell, Arthur R. II. Titre. III. Titre: Prospérité et la réussite.

BF639.M87314 2008 158.1 C2008-941860-3

TABLE DES MATIÈRES

Présentation de la série

PRENEZ VOTRE VIE EN MAIN ! Personne n'est destiné à être malheureux, à subir la peur et l'inquiétude, à être en mauvaise santé ou à se sentir rejeté et inférieur. Dieu a créé tous les êtres humains à Son image et leur a donné le pouvoir de surmonter l'adversité et de connaître le bonheur, l'harmonie, la santé et la prospérité.

Vous possédez en vous le pouvoir d'enrichir votre existence ! Et le moyen d'y parvenir n'a rien d'un secret, puisqu'il se retrouve dans des sermons et des écrits depuis des millénaires, en plus d'être entré dans la pratique. Les anciens philosophes y font référence dans leurs ouvrages, et les grandes religions l'ont prêché. Il se voit mentionné dans l'Ancien Testament, dans les Évangiles chrétiens, dans la philosophie grecque, dans le Coran musulman, dans les sûtras bouddhistes, dans le Bhagavad-Gîta hindou et dans les écrits de Confucius et de Lao-Tseu. Mais vous le découvrirez aussi dans les travaux de psychologues et de théologiens modernes.

Il s'agit du fondement de la philosophie du docteur Joseph Murphy, l'un des auteurs et conférenciers les plus inspirants du vingtième siècle. Non seulement était-il pasteur, mais il apporta également une contribution importante à l'interprétation moderne des Écritures ainsi qu'à d'autres textes religieux. À titre de ministre et directeur de l'Église de la Science Divine de Los Angeles, il prêchait des sermons et donnait des conférences devant 1 300 à 1 500 personnes tous les dimanches, et des millions d'auditeurs écoutaient ses émissions de radio quotidiennes. Il rédigea plus de trente livres, et son ouvrage le plus popuaire, *La puissance du subconscient*, publié pour la première fois en 1963 sous le titre original *The Power of Your Subconscious Mind*, se classa immédiatement parmi les meilleurs vendeurs. Il fut salué par la critique comme l'un des meilleurs guides de croissance personnelle de l'histoire. Des millions d'exemplaires furent vendus et continuent de l'être dans le monde entier.

Après le succès de son livre, le docteur Murphy anima des conférences devant des milliers de personnes, et ce dans plusieurs pays du monde. Au cours des exposés, il démontrait, en se basant sur des faits vécus, qu'il se révélait possible de changer radicalement sa vie par une mise en pratique ciblée de ses conseils, et il fournissait à son public des lignes directrices sur la façon d'enrichir sa vie.

Le docteur Murphy fut un partisan du mouvement de la Nouvelle Pensée, lequel prit naissance entre la fin du dix-neuvième et le début du vingtième siècle grâce à de nombreux philosophes et penseurs qui étudiaient ce phénomène, qui prêchaient et appliquaient cette nouvelle vision de la vie en plus d'écrire sur le sujet. En combinant une approche métaphysique, spirituelle et pragmatique à notre manière de penser et de vivre, ils découvrirent le secret de la réalisation des rêves.

Cette philosophie ne constituait pas une religion à proprement parler, mais elle reposait sur une croyance inconditionnelle en un être supérieur et en une présence éternelle : Dieu. Elle était connue sous des appellations différentes telles que « Nouvelle Pensée » ou « Nouvelle Civilisation ».

Les adeptes de la Nouvelle Pensée, ou Nouvelle Civilisation, prêchaient un nouveau concept de l'existence basé sur des méthodes permettant d'obtenir de meilleurs résultats. Ils se fondaient sur l'idée que l'âme humaine se voit reliée à l'esprit atomique de la substance universelle, lequel esprit relie à son tour nos vies à tous par le biais de la loi universelle de l'offre et de la demande, et nous détenons le pouvoir de l'utiliser pour enrichir notre vie. Dans le but d'atteindre nos objectifs, nous devons effectuer des efforts, et il s'avère possible qu'à travers ceux-ci, nous ayons à subir les tourments inhérents à la vie d'humain. Nous ne pouvons réussir qu'après avoir trouvé cette loi et compris les principes que Dieu semble avoir énoncés en paraboles par le passé.

Le concept de la Nouvelle Pensée pourrait se résumer par la phrase suivante :

Vous pouvez devenir ce que vous voulez être.

Ce que nous obtenons – et n'obtenons pas – se veut le résultat direct de nos propres pensées. Dans un Univers juste et ordonné où la perte d'équilibre engendrerait une destruction totale, la responsabilité individuelle doit être absolue. Nos forces et nos faiblesses n'appartiennent qu'à nous, et il en va de même pour ce qu'il y a de pur et d'impur en nous. Cette responsabilité nous revient et à personne d'autre. Ces traits de caractère ne peuvent être modifiés que par nous-mêmes. Notre bonheur et notre souffrance viennent de l'intérieur. Nos pensées déterminent ce que nous sommes, et nous ne changeons pas si nous les entretenons. La seule façon que nous avons de nous lever, de partir à la conquête de nos objectifs et de les atteindre consiste à élever nos pensées. Nous ne restons dans la misère et la faiblesse que parce que nous *refusons* d'élever notre esprit.

Toutes les réalisations – aux niveaux professionnel, intellectuel ou spirituel – proviennent de pensées précises, et elles se voient gouvernées par la même loi et accomplies grâce à la même méthode. La seule différence réside dans l'objectif à concrétiser. Ceux qui veulent accomplir peu doivent sacrifier peu, ceux qui veulent accomplir beaucoup doivent sacrifier beaucoup, et ceux qui veulent accomplir encore plus doivent sacrifier encore plus.

Qui dit Nouvelle Pensée dit nouvelle vie, c'est-à-dire un mode de vie plus sain, plus réjouissant et plus épanouissant à tous les niveaux possibles.

En réalité, il n'y a rien de nouveau là dedans, car ce concept est aussi vieux que l'humanité. Il ne s'agit d'une nouveauté pour nous que lorsque nous découvrons les vérités qui nous affranchissent de nos manques, de nos limites et de nos malheurs. À partir de là, la Nouvelle Pensée peut devenir une prise de conscience récurrente et toujours croissante relativement au pouvoir créateur qui existe en nous, au principe de l'esprit et au potentiel divin qui réside en nous et qui nous permet d'être, de faire et d'exprimer un peu plus de nos capacités, aptitudes et talents individuels et naturels. Selon le principe central de l'esprit, les nouvelles pensées, idées, attitudes et croyances créent de nouvelles conditions, alors que nous croyons au contraire que celles-ci nous sont imposées – qu'elles soient bonnes, mauvaises ou neutres. L'essence de la Nouvelle Pensée consiste en un renouvellement permanent de notre esprit dans le but de donner vie à ce qui est bon, acceptable et en accord avec la volonté de Dieu.

On ne peut prouver que ce que l'on sait avec certitude et ce dont on a une connaissance et une expérience fiables. Les vérités de la Nouvelle Pensée se veulent rationnelles, faciles à démontrer et réalisables par n'importe quelle personne – à partir du moment où celle-ci le décide. Tout ce qui importe est d'avoir un esprit et un cœur ouverts et disposés à entendre des vérités anciennes présentées sous un jour nouveau et à abandonner leurs croyances dépassées afin d'adopter des idées inhabituelles – dans le but d'acquérir une vision plus élevée de la vie ou d'être habités par une présence bienfaitrice.

C'est sur cette renaissance de votre esprit que repose entièrement la Nouvelle Pensée. Sans un renouvellement permanent, rien ne pourrait changer. La Nouvelle Pensée établit les fondements d'une attitude et d'une prise de conscience entièrement nouvelles qui nous servent d'inspiration et nous permettent d'avoir accès à une « vie plus abondante ».

Nous détenons en nous un pouvoir de décision illimité, et nous disposons d'une liberté totale quant au choix de se conformer ou de se transformer. Se conformer revient à vivre en fonction de ce qui existe déjà – c'est-à-dire ce que nos sens peuvent percevoir, notamment les idées, les opinions, les croyances et les commandements des autres. Il s'agit donc de vivre et d'être gouverné « par les modes et les conditions éphémères qui règnent dans l'instant. » Le simple mot *conformé* suggère que notre environnement actuel a une forme et que nous ne devons pas nier son existence. L'injustice et l'inégalité règnent autour de nous, et s'il nous arrive d'y être confrontés, nous devons agir avec courage et honnêteté, et faire de notre mieux pour résoudre ces problèmes avec l'intégrité et l'intelligence que nous possédons.

D'une manière générale, le monde accepte et croit que notre environnement se trouve responsable des conditions dans lesquelles nous vivons — la réaction qui découle habituellement d'une telle théorie consiste à accepter passivement le présent tel qu'il est. Cette façon de se conformer constitue la pire qui soit, puisqu'il s'agit d'un défaitisme volontaire. Elle se veut la pire, parce que c'est nous-mêmes qui nous l'imposons. Elle revient à remettre tout notre pouvoir et toute notre attention entre les mains d'une réalité extérieure. La Nouvelle Pensée insiste sur le renouvellement de l'esprit et sur l'acceptation de notre responsabilité — c'est-à-dire notre capacité de réagir aux vérités que nous connaissons désormais.

Charles Fillmore, l'un des maîtres de la Nouvelle Pensée les plus actifs et efficaces, et cofondateur de la Unity School of Christianity, croyait fermement en une responsabilité individuelle. Dans son livre *The Revealing Word*, il écrit (en toute simplicité, et sans équivoque) : « Notre conscience représente notre véritable environnement. Notre environnement extérieur correspond toujours à notre conscience. »

Quiconque se montre ouvert et disposé à accepter ses responsabilités a entamé le processus de transformation — le renouvellement de l'esprit qui nous permet de prendre part à une vie transformée. « Transformer » signifie « passer d'une condition ou d'un état à un(e) autre » (qui sera de meilleure qualité et plus épanouissant) « du manque à l'abondance, de la solitude à la compagnie, de la limitation à la plénitude, de la maladie à la santé » — grâce à ce pouvoir et à cette sagesse qui résident en nous, la présence bienfaitrice demeurera en nous.

Certes, il y a des choses que nous ne pouvons changer : le mouvement des planètes, les saisons, le phénomène des marées et ce qui nous apparaît comme le lever et le coucher du soleil. Nous n'avons pas non plus le pouvoir de modifier l'esprit et les pensées des autres, mais nous pouvons changer les nôtres.

Qui donc possède la puissance de limiter le mouvement de votre imagination et de votre volonté ? Vous seul pouvez donner ce pouvoir à quelqu'un. Vous pouvez être transformé grâce au renouvellement de votre esprit. Il s'agit de la clé d'une nouvelle vie. Vous constituez une sorte d'appareil d'enregistrement, et toutes les croyances, impressions, opinions et idées auxquelles vous adhérez s'impriment dans votre subconscient profond. Mais vous pouvez changer. Vous pouvez dès maintenant commencer à remplir votre esprit de schémas de pensée nobles et divins, et à vous conformer à l'Esprit infini qui habite en vous. Demandez de la beauté, de l'amour, de la paix, de la sagesse, des idées créatrices, et l'Infini vous répondra en conséquence en transformant votre esprit, votre corps et les circonstances dans lesquelles vous évoluez. Votre pensée représente ce qui relie ensemble votre esprit, votre corps et le monde matériel.

La transformation s'amorce dès lors que nous méditons et que nos pensées se voient tournées vers les qualités que nous souhaitons posséder, car de cette façon, notre esprit les absorbe. D'un point de vue théorique, les connaissances se révèlent bonnes et nécessaires. Nous devons comprendre ce que nous faisons et pourquoi nous agissons ainsi. Quoi qu'il en soit, le changement en tant que tel dépend entièrement de notre capacité à ramener à la surface ce qu'il y a de bon en nous — c'est-à-dire le pouvoir invisible et intangible qui a été décerné intégralement à chacun d'entre nous.

C'est cela, et rien d'autre, qui détient le pouvoir de mettre fin à notre asservissement ainsi qu'à notre désœuvrement passés. En outre, cette transformation guérit les blessures du cœur et les souffrances émotionnelles. Nous devons tous aspirer à la paix d'esprit – le don le plus beau qui soit – si nous voulons qu'elle puisse régner autour de nous. Tournez-vous mentalement et émotionnellement vers la paix divine, puis emplissez-en votre cœur et votre esprit de même que votre être tout entier. Commencez par dire : « Que la paix soit sur cette maison. »

Être orienté vers l'absence de paix et d'harmonie, vers le malheur et la discorde, tout en s'attendant simultanément à voir la paix se manifester, se compare un peu au fait de vouloir qu'un pépin de pomme devienne une poire. Ce schéma de pensée s'avère illogique et va à l'encontre du bon sens, mais c'est ainsi que le monde fonctionne. Nous devons chercher des moyens susceptibles de changer notre esprit — et de nous repentir lorsque cela se révèle nécessaire. Un renouveau en découlera naturellement. Il se veut souhaitable, et même obligatoire, de transformer notre vie en arrêtant de nous conformer à ce que le monde décide ou choisit en se basant sur des événements déjà manifestés.

Le terme *métaphysique* est devenu synonyme du mouvement moderne organisé. Il a été utilisé pour la première fois par Aristote. Sa treizième œuvre, intitulée simplement *Métaphysique*, se voit considérée par certains comme la plus importante qu'il ait écrite. Voici la définition que l'on en trouve dans le dictionnaire : « La métaphysique est la science et la théorie de ce qui est au-delà des choses physiques, des objets empiriques, de la nature. » Meta signifie « au-dessus ou au-delà ». Ainsi, métaphysique signifie « au-dessus ou au-delà du physique », c'est-à-dire du monde formé. « Meta » se situe donc au-delà ; il s'agit de l'esprit qui existe derrière toute chose.

D'un point de vue biblique, l'esprit de Dieu est bon. Ceux qui adorent Dieu adorent l'esprit ou la vérité. Lorsque nous sommes animés par un esprit de bienveillance, de vérité, de beauté, d'amour et de bonne volonté, il s'agit du divin en nous qui s'exprime. Dieu, la vérité, la vie, l'énergie, l'esprit — peut-on les définir ? Comment le pourrions-nous puisque « définir, c'est limiter. »

Cette idée se retrouve dans une merveilleuse méditation ancienne :

À jamais le même dans mon être le plus profond, éternel, un absolu, entier, parfait, je SUIS indivisible, intemporel, sans forme et sans âge – sans visage ni corps. Je SUIS la présence silencieuse qui réside dans le cœur des hommes (et des femmes).

Nous devons croire et accepter que ce que nous imaginons et pensons être vrai se réalisera. Ce que nous désirons pour les autres, nous le souhaitons pour nous-mêmes.

Emerson a écrit : « Un homme devient ce à quoi il pense toute la journée. » En d'autres mots, et pour le dire plus simplement : l'esprit, la pensée, l'entendement et le méta constituent l'expression d'une présence et d'un pouvoir créateurs – et comme c'est le cas dans la nature (lois physiques), toute force peut être utilisée de deux façons. Par exemple, l'eau peut nous laver ou nous noyer, l'électricité peut faciliter notre vie ou nous tuer. Il est écrit dans la Bible : « Je forme la lumière et je crée les ténèbres ; je forme la prospérité et je crée l'adversité ; Moi, l'Éternel, je fais toutes ces choses. »

Nous ne sommes pas les victimes d'un dieu en colère ; nous nous punissons nous-mêmes par une mauvaise utilisation de notre esprit. Nous sommes bénis lorsque nous parvenons à une compréhension de cette présence et de ce principe fondamental, et lorsque nous apprenons et acceptons une nouvelle façon de penser.

Ainsi, la métaphysique se veut l'étude de la causalité – laquelle ne s'intéresse pas à l'effet qui s'est manifesté, mais plutôt à ce qui se trouve à l'origine du résultat. Cette discipline envisage les idées spirituelles de la même façon que les scientifiques abordent le monde des formes et étudient la source responsable de la création du visible. Si l'on modifie la cause, l'effet sera différent.

À mon avis, la force et la beauté de la métaphysique résident dans le fait qu'elle ne se limite pas à un dogme en particulier, mais qu'elle est universelle. On peut être juif, chrétien, musulman ou bouddhiste et n'en rester pas moins un métaphysicien.

Il existe des poètes, des scientifiques et des philosophes qui n'adhèrent à aucun dogme et dont la croyance est métaphysique.

Jésus était un maître de la métaphysique – il comprenait le fonctionnement de l'esprit humain et se servait de ses connaissances pour élever, inspirer et guérir les autres.

Lorsque Mahatma Gandhi (mahatma signifiant « grande âme ») a été interrogé sur sa religion, il a répondu : « Je suis un chrétien, un juif, un bouddhiste, un hindou... Je SUIS tout cela. »

Le terme *Nouvelle Pensée* s'est transformé en une expression au sens plus général. Il consiste en effet en un mouvement métaphysique composé d'un très grand nombre d'églises, de centres, de groupes de prière et d'institutions, prônant l'unité de l'humanité avec la vie infinie... avec la dignité et la valeur inhérentes à chaque individu. Dans les faits, l'emphase se trouve mise sur l'individu et non sur un groupe ou une fonction. Mais comme je l'ai mentionné, il n'y a rien de nouveau dans la Nouvelle Pensée. La métaphysique représente en réalité la plus ancienne de toutes les approches religieuses. Elle révèle notre désir d'exprimer Dieu et ce qu'il y a de plus élevé dans le Bien : « Je SUIS venu pour que les hommes aient la vie, et qu'ils l'aient en abondance. » Elle révèle notre identité, c'est-à-dire des « enfants de l'infini » qui sont aimés et qui possèdent une valeur spirituelle, puisqu'ils font partie de la sainte unité créatrice.

La métaphysique nous permet de retourner à notre source divine, et elle marque la fin du sentiment de séparation et d'aliénation qui nous procure la sensation d'être perdus dans un désert stérile et hostile. Cette approche a toujours été, est encore et sera à jamais accessible à chacun, et elle attend patiemment d'être découverte et révélée à tous.

Des milliers de personnes se sont vues initiées à la Nouvelle Pensée par l'un ou l'autre de ses représentants. Elle s'est installée progressivement et on considère habituellement que Phineas P. Quimby en est l'instigateur. Dans un article fascinant du magazine *New Thought* paru en 1837, il explique que le travail qu'il a accompli pendant de nombreuses années sur l'hypnose lui permet de conclure que ce n'est pas cette dernière, mais plutôt le conditionnement du subconscient, qui se trouve à l'origine des changements observés. Même s'il n'avait pas fait d'études à proprement parler, Quimby se montrait doté d'un esprit brillant et curieux, et il s'agissait d'un penseur original. En outre, il écrivait avec prolificité, et des documents présentant les résultats détaillés de ses recherches ont d'ailleurs été publiés. Il a étudié la Bible avec une grande passion, et ses recherches lui ont permis de conclure qu'un grand nombre de ses passages avaient été mal compris, ce qui avait eu pour effet de susciter des interprétations erronées de ce qu'était Jésus-Christ.

Tout au long du vingtième siècle, un grand nombre d'enseignants, d'auteurs, de ministres du culte et de conférenciers ont contribué au mouvement de la Nouvelle Pensée. Le docteur Charles E. Braden, de l'Université de Chicago, les appelait les « esprits en rébellion », parce que ces hommes et ces femmes cherchaient à s'affranchir des croyances, des dogmes et des rituels établis. (La rébellion contre les incohérences des traditions anciennes a incité certains individus à craindre la religion.) Le docteur Braden a lui aussi exprimé son mécontentement par rapport à l'ordre établi en refusant de continuer à s'y conformer.

La Nouvelle Pensée consiste en une pratique individuelle des vérités de la vie – il s'agit d'un processus progressif et continu. Nous pouvons apprendre un peu aujourd'hui, et encore plus demain. Nous n'en arriverons jamais au point où nous n'aurons plus rien à découvrir. Car la vérité est infinie, illimitée et éternelle. Nous disposons de tout le temps dont nous avons besoin – l'éternité. Nous sommes nombreux à manifester de l'impatience envers nous-mêmes et envers ce que nous considérons comme nos échecs. Pourtant, si nous nous tournons vers le passé, nous constatons que ces soi-disant échecs nous ont permis d'apprendre, et que nous n'avons plus besoin de les reproduire aujourd'hui. Vous pouvez avoir l'impression que vous ne progressez pas assez vite, mais « Par votre persévérance, vous sauverez vos âmes. »

Dans son livre *Pray Your Way Through It : The Revelation,* le docteur Murphy mentionne que le paradis se voit associé à la « conscience et la Terre à la « manifestation. » Votre nouveau paradis correspond à votre nouveau point de vue – votre nouvelle dimension de conscience. Lorsque nous voyons les choses avec un œil *spirituel,* nous réalisons que dans l'absolu, tout est bénédiction, harmonie, amour infini, sagesse, paix complète et perfection. Rapprochez-vous de ces vérités, calmez l'océan de peur qui vous submerge, ayez confiance et devenez plus fort.

Dans les livres de cette série, le docteur Murphy a synthétisé les composantes de ce pouvoir qui existe en nous afin de leur donner une forme compréhensible et pratique qu'il vous sera facile d'appliquer immédiatement à votre vie. Parce qu'il était pasteur, nombre de ses exemples et citations proviennent de la Bible. Les concepts auxquels ces passages de la Bible font référence ne doivent pas être considérés comme des idées sectaires, car leurs messages sont universels et se retrouvent dans de nombreuses autres religions et philosophies. Il insistait particulièrement sur le fait que l'essence de la connaissance résidait dans la loi de la vie et de la croyance. Elle n'est pas catholique, protestante, musulmane ou hindoue, mais seulement une foi pure et simple : « Tout ce que vous voulez que les hommes fassent pour vous, faites-le de même pour eux. »

Lorsque le docteur Murphy est décédé en 1981, sa femme Jean a pris la relève. Lors d'une conférence animée en 1986, elle a réitéré la philosophie de son défunt mari en ces termes :

> *Je veux conscientiser les hommes et les femmes sur leur origine divine et sur le pouvoir qui règne en eux. Je veux leur dire que ce pouvoir est en eux et qu'ils sont les seuls capables de se sauver et d'obtenir leur salut. Ceci est le message de la Bible, et la confusion qui règne aujourd'hui est principalement attribuable à l'interprétation littérale erronée qui est faite des vérités qu'elle contient, et qui ont le pouvoir de transformer une vie.*
>
> *Je veux atteindre la multitude, l'homme dans la rue, la femme qui, écrasée par ses tâches, ne peut exprimer ses talents. Je veux tous les aider à découvrir, à chaque niveau de conscience, les merveilles qui se cachent en eux.*

Elle a indiqué, à propos de son mari : « C'était un mystique pragmatique doté de l'intellect d'un érudit, de l'esprit d'un dirigeant efficace et du cœur d'un poète. » Si l'on devait résumer son message, ce serait le suivant : « Vous êtes le maître et c'est vous qui dirigez votre royaume, car vous ne faites qu'un avec Dieu. »

Joseph Murphy se trouvait fermement convaincu que le dessein de Dieu concernant l'humanité n'était que santé, prospérité et bonheur, ce qui allait à l'encontre de ceux, dont les théologiens faisaient partie, qui associaient le désir au diable et qui encourageaient les gens à le détruire. Selon lui, ne plus avoir d'envie entraînait l'apathie – soit l'absence de sentiments et d'actions –, et le désir se voulait un don de Dieu. Il s'avère sain de vouloir s'améliorer toujours plus, par exemple dans les domaines de la santé, de la richesse, des relations humaines et de la sécurité. Comment cela pourrait-il être mal ?

Derrière toute progression se cache un désir. Sans lui, rien ne serait accompli. Il s'agit d'un pouvoir créateur qui doit être canalisé de manière constructive. Par exemple, si l'on est pauvre, on aspirera à la richesse ; si l'on est malade, on souhaitera recouvrer la santé ; et si l'on est seul, on ressentira le désir d'être aimé et accompagné.

Nous devons croire que nous pouvons améliorer notre vie. Une croyance – qu'elle soit vraie, fausse ou seulement neutre – se trouve absorbée par notre intellect lorsqu'elle se voit entretenue suffisamment longtemps. À moins qu'elle ne soit annulée par une conviction d'une nature opposée, elle finit tôt ou tard par prendre forme, par se matérialiser et par s'exprimer sous la forme de faits ou de circonstances. Nous possédons en nous le pouvoir de transformer nos croyances négatives en croyances positives et de changer pour le meilleur.

C'est vous qui donnez les ordres, et votre subconscient vous obéira avec loyauté. La réaction que vous obtiendrez se verra en accord avec la nature de la pensée qui règne dans votre conscience. Les psychologues et les psychiatres s'entendent pour dire que les pensées présentes dans notre subconscient laissent une empreinte dans les cellules de notre cerveau. Dès que cette partie de votre être accepte une idée, elle essaie immédiatement de la concrétiser. Elle fonctionne par association d'idées en utilisant jusqu'à la moindre parcelle de connaissance que vous avez accumulée au cours de votre vie, pour mener à bien sa mission. Elle fait appel à la puissance, à l'énergie et à la sagesse infinies qui résident en vous, s'arrangeant à cette occasion pour diriger toutes les lois de la nature vers sa cible. Parfois, la réponse vous parvient sur-le-champ, alors qu'à d'autres moments, elle se fera attendre quelques jours, quelques semaines, voire plus.

Le mode de pensée habituel de votre conscience forge des empreintes profondes dans votre subconscient. Cette caractéristique vous sera particulièrement bénéfique si vos pensées se révèlent majoritairement harmonieuses, sereines et constructives. À l'inverse, si vous vous êtes laissé aller à la peur, à l'inquiétude ou à d'autres modes de pensée destructeurs, vous devez reconnaître la toute-puissance de votre subconscient et remplacer ces réflexions négatives par des idées de liberté, de bonheur, de santé et de prospérité. Parce qu'il s'agit d'un principe créateur qui fait un avec votre source divine, votre subconscient s'attachera à créer la liberté et le bonheur que vous avez affirmés avec sincérité.

Pour la première fois, le contenu des conférences du docteur Murphy a été rassemblé, édité et mis à jour pour être publié sous la forme d'une série de six livres qui permettront au lecteur du vingt et unième siècle de profiter de ses enseignements. Dans le but d'augmenter et d'améliorer les textes originaux, nous y avons intégré de la documentation provenant de conférences données par Jean Murphy, et nous y avons ajouté des récits d'individus dont la réussite reflète bien la philosophie du docteur Murphy.

Les autres ouvrages de cette série sont énumérés à la deuxième page de ce livre, mais vous n'améliorerez pas votre état si vous vous contentez uniquement de les lire. Si vous voulez réellement optimiser votre potentiel, vous devrez étudier les principes que contiennent ces livres, les prendre à cœur, les intégrer à votre façon de penser et les mettre en application dans tous les aspects de votre existence.

— **Arthur R. Pell, Ph.D.**, éditeur

Note de l'éditeur : en mettant à jour ces travaux, il m'est arrivé d'y rajouter quelques exemples plus actuels (c'est-à-dire des événements et des situations qui se seraient produits après le décès de Jospeh Murphy) dans le but de démontrer que les principes présentés par l'auteur sont toujours valables.

Préface

Vous êtes-vous déjà demandé à quoi ressemblerait votre vie si vous étiez riche ? Pour la plupart des gens, la notion de richesse se révèle assez lointaine. Pourtant, il existe de nombreux exemples de personnes qui ont réussi, grâce à leurs efforts, à se sortir de la pauvreté pour mener une vie de grande abondance.

Êtes-vous destiné à être pauvre? Pour reprendre les propos de Shakespeare, certains naissent riches, d'autres acquièrent la richesse, et d'autres encore diront que celle-ci leur est tombée dessus. Il y a des individus qui ont eu la chance d'être nés dans une famille nantie qui leur a offert tout ce que l'argent pouvait acheter— mais nombre de ces individus ont perdu ces richesses à cause de leur mauvais jugement. Il y a également ceux qui se sont retrouvés riches du jour au lendemain après avoir gagné à la loterie ou par un autre concours de circonstances. Quoi qu'il en soit, la majorité d'entre nous ne jouissent pas d'autant de veine. Si nous voulons devenir riches, nous devons faire preuve de bon sens, de persévérance, de créativité et d'engagement. Aucun de nous n'est destiné à la pauvreté. La richesse se trouve tout autour de nous et tout ce que nous avons à faire pour l'atteindre consiste à chercher le chemin qui nous y mènera.

Il n'y a rien de mal à vouloir être riche. Ce désir repose sur l'envie de mener une vie plus remplie, plus abondante et plus enrichissante, et il s'avère tout à fait louable. Les personnes qui ne souhaitent pas mener une vie plus abondante ne sont pas normales, tout comme celles qui ne désirent pas avoir suffisamment d'argent pour acheter ce qu'elles veulent.

Pourquoi se contenter de survivre quand vous pouvez bénéficier de richesses infinies ? Grâce à ce livre, vous apprendrez à faire la paix avec l'argent et vous aurez toujours plus que ce dont vous avez besoin. Votre désir de richesse représente une aspiration à une vie plus remplie, plus heureuse et plus belle. C'est une bonne – ou plutôt, une très bonne – impulsion cosmique. Commencez par concevoir l'argent pour ce qu'il est réellement. Il s'agit d'un symbole d'échange qui représente l'absence de manque et qui peut conférer la beauté, le luxe, l'abondance et le raffinement.

Une des raisons pour lesquelles beaucoup de personnes n'ont pas d'argent est qu'elles ont tendance à le condamner plus ou moins ouvertement. Elles parlent d'« appât du gain » et pensent que l'argent se trouve à l'origine de tous les maux. Un autre motif qui les empêche de prospérer réside dans le fait qu'elles entretiennent dans leur subconscient le sentiment insidieux qu'il existe une certaine vertu à être pauvre. Ce sentiment est probablement attribuable à leur éducation, à des superstitions ou à une interprétation erronée des Écritures.

Il n'y a aucune vertu à être pauvre, car il s'agit d'une maladie au même titre qu'une autre maladie mentale. Si vous êtes malade physiquement, vous acceptez que quelque chose ne va pas chez vous et vous demandez de l'aide ou agissez sans attendre. De la même façon, si vous ne disposez pas d'un flux monétaire constant dans votre vie, il y a véritablement quelque chose qui ne tourne pas rond chez vous. Vous ne devez pas tergiverser davantage pour passer à l'action.

Dieu ne souhaite pas que vous viviez dans un taudis ou que vous soyez affamé. Dieu veut votre bonheur, votre prospérité et votre succès. Dieu réussit toujours ce qu'Il entreprend, peu importe qu'Il crée une étoile ou le cosmos.

Oubliez immédiatement toutes vos superstitions sur l'argent. Arrêtez de penser qu'il est sale ou diabolique, car si vous entretenez de telles convictions, vous l'incitez à s'éloigner de vous à tire-d'aile. Rappelez-vous que vous perdez ce que vous condamnez.

Il s'avère tout à fait justifié que vous souhaitiez être riche. Si vous êtes une personne normale, il ne peut en être autrement. Et il se révèle tout à fait honorable que vous aspiriez à programmer votre subconscient afin d'améliorer votre situation financière. C'est là votre devoir envers vous-même, envers Dieu et envers l'humanité, car vous rendez un grand service à Dieu et à l'humanité en voulant ce qu'il y a de mieux pour vous-même.

Il y a, et il y aura toujours, des individus qui penseront que la pauvreté fait partie de leur sort. Cependant, elles ne sont pas condamnées à cette situation, car les outils qui mènent à la compréhension et à l'évolution se trouvent à leur disposition.

Ceux qui savent comment la vie fonctionne comprennent qu'il s'agit de la première cause de pauvreté. Lorsque nous examinons la question de plus près, nous comprenons que tant que le dernier être humain qui entretient de telles idées n'aura pas disparu de la surface de la Terre, les pauvres seront toujours parmi nous, car au plus profond de leur esprit et de leur âme, ils se considéreront encore comme tels.

La deuxième cause de pauvreté est la mauvaise éducation que les humains ont reçue par le passé et qui, au lieu d'encourager leur évolution, a entretenu leur servitude. Beaucoup de religions enseignent que la pauvreté constitue une condition inévitable pour la plupart des gens. Elles prêchent que les pauvres seront toujours parmi nous. Il existe même des sectes qui prétendent que certaines personnes sont prédestinées à une vie de pauvreté et qu'elles doivent accepter leur sort.

Certains pseudo-spirituels enseignent à leurs adeptes que l'état de pauvreté représente une manifestation de leur spiritualité, en affirmant par exemple qu'« il est plus facile pour un chameau de passer par le trou d'une aiguille que pour un riche d'entrer dans le royaume de Dieu. » Parce qu'ils croient à ce mensonge, ils vivent dans la misère en espérant que dans un avenir lointain, les portes du Paradis s'ouvriront devant eux en récompense de leurs efforts.

Au dire de certaines religions, principalement celles de l'Orient, un être né dans la pauvreté sera toujours pauvre – en espérant que son obéissance et son humilité lui permettront de connaître plus d'abondance dans une prochaine vie.

À cause de ces vieilles croyances, la multitude s'est retrouvée dans une situation d'emprisonnement pendant des siècles. Aussi étrange que cela puisse paraître, il existe encore, en ce siècle « éclairé », de nombreuses personnes dont le cœur se voit habité par cette vieille illusion et qui traînent leur misère et leur désespoir parce qu'elles résistent à la force supérieure qui est source de révélations. Des milliers de pauvres s'accrochent encore aujourd'hui à cette tradition, poussés par une ardeur religieuse mal orientée ainsi que par une méconnaissance de ce qu'ils sont.

Dans ce livre, le docteur Joseph Murphy réexamine ces concepts et indique clairement au lecteur que la pauvreté n'incarne pas l'état naturel de l'humanité et encore moins la volonté de Dieu. Il vous y explique comment, grâce à la pensée positive, à la méditation, à la prière et à votre foi dans votre étincelle divine, vous possédez la capacité de réussir dans toutes vos entreprises et de vous assurer richesse et prospérité.

– **Arthur R. Pell**, Ph.D., éditeur

Chapitre un

Le principe créateur de richesse

LE MONDE DANS SA TOTALITÉ, de même que tous les trésors qu'il recèle – la mer, l'air et la terre – se trouvaient là quand vous êtes né. Commencez par tourner vos pensées vers les richesses qui vous entourent et qui n'ont pas encore été révélées à l'humanité, dans l'attente que l'Intelligence leur donne vie. Considérez l'air que vous respirez comme une richesse. Adoptez cet état d'esprit. C'est cette idée qu'Emerson exprima lorsqu'une dame lui demanda un jour comment elle pouvait prospérer. Après l'avoir emmenée au bord de la mer, il l'invita à lui dire ce qu'elle voyait. Elle lui répondit que la mer contenait un nombre infini de gouttes d'eau et qu'elle abritait une vie aquatique d'une extraordinaire diversité. Emerson lui conseilla alors d'envisager la richesse comme une source d'approvisionnement infinie dont elle pourrait toujours bénéficier en abondance.

Réalisez que la richesse s'apparente à une marée. Il s'agit d'une idée dans votre esprit et d'une attitude mentale. Par exemple, un directeur des ventes me confia un jour que l'un de ses associés avait vendu une idée d'expansion d'entreprise pour un million de dollars. Vous aussi pouvez avoir une idée qui vaut une fortune. Ce directeur des ventes m'a également appris que les États-Unis comptaient plus de milliardaires que jamais auparavant.

Oui, vous pourriez imaginer une idée valant une fortune. En outre, vous êtes ici pour exprimer ce qu'il y a de plus majestueux en vous et pour vous entourer du luxe, de la beauté et des richesses de la vie. Toutefois, vous devez apprendre qu'il s'avère nécessaire d'adopter la bonne attitude à l'égard de l'argent, de la richesse, de la nourriture et des vêtements. Lorsque vous faites la paix avec la notion de richesse, vous ne pouvez que la recevoir en abondance. Il est normal et naturel que vous aspiriez à une vie plus remplie, plus enrichissante, plus heureuse et plus belle. Considérez l'argent comme l'idée de Dieu qui permet de maintenir la santé économique des nations du monde.

Quand l'argent circule librement dans votre vie, vous êtes en bonne santé sur le plan économique – de la même façon que vous êtes en bonne santé physique quand le sang circule librement dans votre corps. Apprenez à distinguer la véritable signification de l'argent et le rôle qui est le sien en tant que symbole d'échange. Il ne constitue rien d'autre que cela. Au gré des époques, il s'est présenté sous différentes formes. Pour vous, l'argent doit se voir associé à l'absence de manque. Il doit incarner la beauté, le luxe, l'abondance, la sécurité et le raffinement. Vous y avez droit.

Certaines personnes sont-elles choisies ou destinées à profiter des richesses du monde tandis que d'autres sont vouées aux épreuves et aux privations ? Certainement pas. L'argent incarne la preuve manifeste de la Présence et du Pouvoir créateurs qui nous habitent et qui nous répondent à chaque instant en produisant les circonstances de notre vie quotidienne – lesquelles circonstances sont créées à partir des pensées profondes de notre subconscient et des méditations de notre cœur.

Ceux qui profitent de l'abondance et de la prospérité de la vie sont ceux qui ont conscience du pouvoir créateur de l'esprit et de la pensée. Ils imprègnent en permanence leur subconscient d'idées tournées vers l'abondance spirituelle, mentale et matérielle, et cet esprit profond la concrétise immédiatement dans leur existence. La véritable abondance est un « profit honnête ».

Il s'agit de la grande loi universelle de la vie et elle s'avère valable pour tous. Il s'agit d'une vérité qui a toujours existé et qui perdurera à jamais. Les croyances et les opinions que nous entretenons au plus profond de nous-mêmes deviennent nos expériences. Si nous sommes convaincus de vivre dans un Univers généreux, intelligent et créateur à l'infini — gouverné par un Dieu bienveillant —, notre conviction se reflétera dans nos conditions de vie.

Dans le même ordre d'idées, si notre conviction dominante stipule que nous ne sommes pas dignes de cette richesse infinie, que nous sommes condamnés à vivre sans elle et qu'elle n'existe que pour les autres, cette certitude se reflétera aussi dans nos conditions de vie.

Ce sont nos croyances qui déterminent si nous menons une vie d'abondance ou de pauvreté. C'est à cause des croyances que « les riches deviennent plus riches et les pauvres deviennent plus pauvres ». Les pensées d'abondance produisent de l'abondance ; les pensées de manque engendrent le manque. Je sais qu'il se révèle nécessaire de déployer des efforts considérables pour se concentrer sur l'abondance et la richesse alors que nous vivons dans le manque. C'est pour cette raison que notre confiance en un avenir meilleur doit être infaillible. Cependant, la personne qui pratique ce mode de pensée discipliné ne peut qu'obtenir la richesse.

La notion clé est la *pensée disciplinée*. La discipline de l'esprit naît d'une aspiration et d'une volonté de trouver la Vérité. Nous devons « renouveler » notre esprit, penser différemment. Pour ce faire, il nous faut examiner et comprendre nos croyances et nos opinions profondes, ainsi que nos idéaux et nos aspirations. Nos rêves appartiennent au royaume des possibles.

Être pauvre est une attitude. Par exemple, une jeune femme qui avait rédigé plusieurs articles sur le point d'être publiés me confia un jour : « Je n'écris pas pour l'argent. »

Je lui répondis : « Qu'est-ce que l'argent a de mal ? Ta principale motivation pour écrire n'est peut-être pas l'argent, mais ce que tu écris mérite bien une compensation monétaire. Tes articles inspirent et encouragent les lecteurs. Quand tu adoptes la bonne attitude, l'argent vient automatiquement à toi en abondance. »

Le fait est que cette jeune femme éprouvait réellement une aversion à l'égard de l'argent, car une croyance ancrée dans son subconscient la poussait à associer la pauvreté à la vertu. Selon elle, on ne pouvait s'intéresser à l'argent que par *appât du gain* et cette croyance lui venait probablement de son enfance. Elle avait vraisemblablement entendu sa mère ou un autre adulte prétendre qu'il s'agissait d'une arme diabolique à l'origine de tous les maux de la Terre. Croire que l'argent est sale ou satanique et qu'il y a de la noblesse dans la pauvreté fait partie des superstitions les plus répandues. J'expliquai donc à cette jeune femme qu'il n'y avait aucune malice dans l'Univers et que seules les pensées et les motivations des gens contenaient le bien et le mal. Le « mal » ne provient que d'interprétations erronées de la vie et de mauvaises utilisations de la loi de l'esprit. En d'autres mots, le seul mal qui existe est l'ignorance. Il serait idiot de prétendre que le platine, l'argent, l'or ou les billets de banque sont mauvais. N'est-ce pas totalement absurde, grotesque et stupide ? Un morceau de papier tel qu'un billet de cent dollars s'avère inoffensif.

Ainsi, cette jeune femme réalisa qu'en condamnant l'argent, elle le *faisait fuir* au lieu de l'*attirer* à elle, et par conséquent, elle décida de modifier son état d'esprit et d'accepter d'en recevoir davantage. Voici ce qu'elle affirma pour accroître sa richesse : « Mes écrits bénissent, guérissent, inspirent et élèvent l'esprit et le cœur des hommes et des femmes. Une compensation divine m'est envoyée par un chemin merveilleux. Je considère l'argent comme une substance divine, car tout provient de l'Esprit unique. Je sais que la matière et l'Esprit ne font qu'un. L'argent afflue en permanence dans ma vie et je m'en sers de façon avisée et constructive. L'argent vient à moi librement, joyeusement et infiniment. C'est une idée dans l'esprit de Dieu et c'est une très bonne chose. »

Il s'agit là d'une formidable prière qui anéantit les superstitions erronées qui associent l'argent au mal et la pauvreté à la vertu, en prétendant que le Seigneur n'aime que les pauvres. Ce style de croyance constitue le fruit d'une ignorance épouvantable. La nouvelle attitude de cette jeune femme à l'égard de l'argent fit des merveilles. En l'espace de trois mois, ses revenus triplèrent, et ce n'était là que le début de sa prospérité financière. Une attitude positive envers l'argent ne pourra que se révéler extrêmement bénéfique dans votre existence.

Pour établir cette attitude positive, l'étape cruciale consiste à placer toute votre confiance non pas dans les choses créées, mais dans le Créateur, la Source éternelle de tout ce qui existe dans l'Univers, et de Lui jurer fidélité. C'est la source de votre souffle, de votre vie, des cheveux sur votre tête et des battements de votre cœur – ainsi que du Soleil, de la Lune, des étoiles et de la Terre que vous foulez de vos pieds. En termes bibliques, « aimer » signifie jurer fidélité à cette Source de toutes choses, qui est Dieu, l'Esprit vivant ou le Principe de Vie qui réside en vous.

Malheureusement, même les personnes les mieux intentionnées se méprennent sur la loi d'abondance. Pour vous donner un exemple, j'ai rencontré il y a quelques années un pasteur qui disposait d'une grande assemblée de fidèles. Il possédait d'excellentes connaissances sur les lois de l'esprit et il détenait la capacité de transmettre son savoir aux autres. Malgré tout, il éprouvait toujours des difficultés à s'en sortir financièrement. Il relativisait la précarité de sa situation en citant un passage du Nouveau Testament : « Car l'amour de l'argent est une racine de tous les maux », en omettant toutefois de mentionner que, dans le même chapitre, il est dit que Dieu procure la richesse afin qu'elle soit partagée. En d'autres mots, ce pasteur avait extrait la phrase sur l'argent de son contexte. Car en réalité, la Bible nous invite à placer notre confiance dans le Dieu vivant « qui donne avec abondance toutes choses pour que nous en jouissions. »

J'expliquai à ce pasteur qu'il effectuait une interprétation totalement erronée des Écritures en prétendant que des morceaux de papier ou de métal étaient diaboliques, alors qu'il ne s'agissait en réalité que de substances neutres, et que rien n'est bien ou mal si ce n'est ce que la pensée en fait. Il commença alors à réaliser tout le bien qu'il pourrait faire à sa famille, à sa femme et à ses paroissiens s'il avait plus d'argent. Il modifia son attitude et s'affranchit de ses superstitions. Puis, il se mit à affirmer avec courage, régularité et constance : « L'Esprit infini me révèle les meilleurs chemins pour Le servir. Je suis inspiré et illuminé par le Très Haut, et je partage ma foi et ma confiance dans la Présence et le Pouvoir uniques avec ceux qui m'entendent. Je considère l'argent comme une idée de Dieu et il afflue constamment dans ma vie et dans celle des personnes qui m'entourent. Nous l'utilisons de façon avisée, judicieuse et constructive en nous fiant à la sagesse et au soutien de Dieu. »

Ce jeune homme d'Église prit l'habitude de réciter cette prière en sachant qu'elle activerait les pouvoirs de son subconscient. Aujourd'hui, il possède une église magnifique, un programme de radio et tout l'argent dont il a besoin autant pour sa vie personnelle que professionnelle. Et je peux vous assurer qu'il ne critique plus l'argent.

L'argent n'a rien de mal, rien du tout, mais il n'incarne pas le seul but de votre existence. En faire votre objectif ultime constituerait une erreur ou un mauvais choix. Il n'y aurait rien de diabolique là-dedans, mais votre vie se verrait en déséquilibre. Vous êtes ici pour mener une existence équilibrée. Ainsi, vous devez également affirmer la paix, l'harmonie, la beauté, le soutien, l'amour, la joie et l'intégrité dans toutes les étapes de votre vie. Comment pouvez-vous vivre sans courage, sans foi, sans amour, sans bonne volonté et sans joie dans ce monde ?

Vous devez pareillement exprimer vos talents cachés et trouver votre vraie place dans la vie. Vous devez connaître la joie de contribuer à la croissance, au bonheur et à la réussite des autres — car nous sommes tous ici pour donner. Faites don de vos talents au monde. Dieu vous a tout donné. Dieu S'est donné à vous. Vous avez une dette énorme à payer, car vous devez tout ce que vous avez à l'Infini. Par conséquent, vous êtes ici pour donner la vie, l'amour et la vérité. Vous vous trouvez en ce lieu pour faire avancer le navire et pour contribuer au succès et au bonheur non seulement de vos enfants, mais aussi du monde entier.

Quand vous appliquez correctement les lois de votre subconscient, vous pouvez avoir tout l'argent que vous voulez sans perdre pour autant votre paix d'esprit, votre sérénité et votre sentiment d'harmonie. Vous pouvez réaliser beaucoup de bonnes choses avec votre argent si vous l'utilisez de façon avisée et constructive, comme c'est le cas de tout ce qui existe dans la nature.

Suivez la technique que je vais vous présenter et vous ne serez jamais à court d'argent dans votre vie, puisqu'il s'agit du principe créateur de richesse. La première étape consiste à comprendre que Dieu, ou le Principe de Vie, représente la Source de l'Univers, des galaxies de l'espace et de tout ce que vous voyez, y compris les étoiles dans le ciel, les montagnes, les lacs, les gisements dans la terre, les océans, les animaux et les plantes. Vous êtes né du Principe de Vie et tous les pouvoirs et qualités de Dieu résident en vous, y compris l'énergie, la vitalité, la santé et la créativité. Il s'avère aussi facile pour Dieu de faire apparaître la richesse dans votre vie que cela l'est pour la Source unique de se révéler sous la forme d'un brin d'herbe ou d'un flocon de neige. Vous devez arriver à la conclusion simple que tout ce que vous voyez et connaissez provient de l'Esprit invisible de l'Infini, et qu'Il est responsable de tout ce qui a été inventé et créé. Sachez également que l'esprit humain et celui de Dieu ne font qu'un, car il n'y a qu'un esprit. Cet esprit se veut commun à tous les êtres. Chaque individu équivaut à un canal par lequel tout ce qui existe devient réalité.

La deuxième étape consiste à décider d'imprégner votre subconscient de l'idée de richesse. Les idées se voient transférées au subconscient par le biais de la répétition, de la foi et de l'anticipation. En reproduisant un schéma de pensée ou une idée, ils finissent par devenir automatiques et votre subconscient ne pourra que les matérialiser dans votre vie. Vous devez croire à ce que vous affirmez. Il ne doit pas s'agir d'une superstition ou d'une affirmation en l'air. Vous devez avoir foi dans le pouvoir des mots que vous prononcez — de la même façon que vous savez que des fleurs, et non du maïs, des courgettes ou des radis, pousseront là où vous avez planté des graines de fleurs. Les graines sont les pensées que vous déposez dans votre subconscient, et vous obtiendrez exactement ce que vous avez semé.

Prenez conscience que ce que vous affirmez se compare au pépin de pomme que vous déposez dans la terre. Vous pouvez imaginer que cette graine se déplace de votre conscience à votre subconscient pour être ensuite reproduite sur l'écran de l'espace. En arrosant et en fertilisant ces graines, vous accélérez leur croissance. Sachez ce que vous faites et pourquoi vous le faites. Sachez que l'Univers se trouve empli d'une abondance infinie. En marchant dans la rue, vous pouvez la voir. Pouvez-vous compter le nombre de fleurs que vous croisez au volant de votre voiture ? Le nombre de grains de sable sur la plage ? Le nombre d'étoiles dans le ciel ?

La troisième étape consiste à répéter l'affirmation suivante matin et soir pendant environ cinq minutes : « J'inscris dans mon subconscient l'idée de la richesse de Dieu. Dieu est la Source qui m'approvisionne ; je sais qu'Il incarne le Principe de Vie en moi et je sais que je suis en vie. À tout moment et en tout point de l'espace, tous mes besoins sont comblés. La richesse de Dieu afflue librement, joyeusement et infiniment dans mon existence et je suis reconnaissant, car elle abonde à tout jamais dans mon existence. »

Quatrième étape : lorsque des pensées de manque comme « Je ne peux pas me permettre d'entreprendre ce voyage » ou « Je ne peux pas payer cette facture » surgissent dans votre esprit, annulez immédiatement votre énoncé négatif en affirmant : « Dieu représente mon approvisionnement instantané et infini, et cette facture se voit payée selon l'Ordre divin. » Si une pensée négative se présente à vous 50 fois par heure, inversez-la autant de fois qu'elle apparaît en affirmant : « Dieu est mon approvisionnement instantané qui répond à ce besoin en cet instant précis. » Au bout d'un moment, la pensée de manque financier perdra de son intensité et vous remarquerez que votre subconscient se trouve conditionné pour se tourner vers la richesse. Par exemple, si vous vous intéressez à une voiture, ne dites pas « Je ne peux pas l'acheter » ou « Je ne peux pas me permettre cet achat. » Votre subconscient vous prendra au pied de la lettre et empêchera tout le bien de venir à vous. Au contraire, il vous faudrait affirmer : « Il y a un rabais sur cette voiture. C'est une Idée divine et je l'accepte dans l'Ordre divin et par l'Amour divin. » Voilà ce qu'est le principe créateur de richesse. Il s'avère impossible qu'une personne sincère applique cette technique sans obtenir toute la richesse dont elle a besoin pour le reste de ses jours.

En suivant les étapes que je viens de vous présenter, vous mettez en mouvement la loi de l'opulence. Elle travaillera pour vous comme elle le fait pour tous, car la loi de l'esprit ne fait pas de distinction. Vos pensées vous apportent la richesse ou la pauvreté. Tournez-vous dès maintenant vers les richesses de la vie.

Je connais un représentant des ventes qui utilisa cette loi de l'esprit pour obtenir ce qu'il souhaitait. Cet homme était brillant et connaissait parfaitement les produits qu'il commercialisait. Il exerçait ses activités dans une région prometteuse, mais chaque année, il ne parvenait pourtant pas à gagner plus de 10 000 $[1] en commissions. Son directeur, qui se montrait d'avis qu'il pouvait doubler ou même tripler ses ventes, me l'envoya donc pour que j'en discute avec lui. À son contact, je compris qu'il avait tendance à se dévaloriser, si bien qu'il avait développé dans son subconscient la croyance qu'il ne valait pas plus que le montant qu'il gagnait chaque année. Il me confia qu'il était né dans une famille pauvre et que ses parents l'avaient conditionné à penser que sa situation ne serait jamais meilleure. Son beau-père lui avait toujours dit : « Tu es tellement stupide que tu ne vaudras jamais rien. » Parce qu'il était alors influençable, son esprit accepta ces paroles comme des vérités, et il faisait depuis l'expérience des manques et des limitations auxquels il croyait dans son subconscient.

Je lui expliquai donc qu'il pouvait modifier son subconscient en le nourrissant d'idées créatrices. Je lui suggérai d'employer une affirmation et de ne jamais la renier, car son subconscient accepterait ce en quoi il croyait réellement. Chaque matin, avant d'aller travailler, il devait énoncer : « Je suis né pour réussir. Je suis né pour gagner. L'Infini en moi ne peut échouer. La Loi et l'Ordre divins gouvernent ma vie. La Paix divine emplit mon âme et l'Amour divin imprègne mon esprit. L'Intelligence infinie me guide sur toutes mes voies. Les richesses de Dieu affluent librement, joyeusement et

1. En dollars des années soixante, époque où se situe l'exemple cité par l'auteur. La même remarque s'applique aux autres montants d'argent évoqués plus loin dans ce livre.

infiniment dans ma vie. Je vais de l'avant et j'évolue mentalement, spirituellement, financièrement et dans tous les autres aspects de ma vie. Je sais que ces vérités s'enfoncent dans mon subconscient. Je sais et je crois qu'elles se manifesteront à moi en abondance. »

Quelques années plus tard, j'eus l'occasion de revoir ce jeune homme et je le trouvai véritablement transformé. Il avait réussi à intégrer toutes les idées que nous avions évoquées et il me confia : « Je profite maintenant de la vie et des choses merveilleuses me sont arrivées. Mes revenus annuels s'élèvent maintenant à 75 000 $, soit cinq fois plus qu'avant. » Il avait compris la simple vérité selon laquelle ce qui se trouve inscrit dans notre subconscient se matérialise dans notre vie. Ce pouvoir du subconscient réside également en vous. Votre subconscient acceptant vos convictions, c'est pourquoi vous devez croire aux richesses de Dieu qui sont tout autour de vous.

J'ai récemment rencontré un homme qui avait utilisé la puissance de son subconscient pour multiplier par cinq ses revenus annuels. Il travaillait dans une banque où il gagnait 40 000 $, ce qui se voulait relativement honorable, mais il souhaitait gagner plus dans le but d'en faire profiter sa femme et ses enfants. Il prit donc l'habitude d'affirmer : « Dieu est ma source d'approvisionnement instantané. Je suis guidé par le Divin dans toutes mes voies. L'Esprit infini ouvre une nouvelle porte. » Cet homme me raconta que quelques mois plus tôt, une occasion s'était présentée à lui, et qu'il œuvrait désormais dans la vente où il se voyait rémunéré sur la base de commissions. Il avait démontré suffisamment de foi en lui pour quitter la sécurité de son poste à la banque et aller de l'avant. Il gagne maintenant 200 000 $ par an et il jouit à plein de la vie avec sa famille.

La richesse était une idée dans son esprit, et tout ce qui s'offre à vos yeux constitue une idée. Une radio est une idée. Une télévision pareillement, tout comme une automobile. Tout ce que vous pouvez désirer correspond à une idée à laquelle vous pouvez donner vie.

Servez-vous de la méditation suivante pour prendre confiance en vous et atteindre la richesse financière :

Je sais que ma foi en Dieu détermine mon avenir. Ma foi en Dieu est ma foi en tout ce qu'il y a de bon. Je m'unis maintenant aux idées vraies et je sais que mon avenir sera à l'image de mes pensées habituelles. Je serai ce que je pense dans mon cœur ou dans mon subconscient. À partir de maintenant, mes pensées se voient tournées vers ce qui est vrai, juste, aimable et bon. Jour et nuit, je médite sur ces idées et je sais que ces graines, qui sont mes pensées les plus présentes, se transformeront en une récolte abondante. Je suis le capitaine de mon âme, le maître de mon destin.

Les prières et les affirmations ne visent pas à changer ou à influencer Dieu ou l'Esprit vivant. On ne change pas Dieu, mais on s'aligne mentalement sur ce qui a toujours été véridique. Vous ne créez pas l'harmonie, car elle existe déjà. Vous ne créez pas l'amour, car Dieu est amour, et Son amour habite en vous. Vous ne créez pas la paix, car Dieu est la paix, et Dieu demeure en vous. Toutefois, vous devez affirmer que la paix de Dieu emplit votre esprit et que l'harmonie de Dieu règne sur votre foyer. L'harmonie réside dans votre portefeuille, dans votre entreprise et dans tous les aspects de votre vie. Tout ce qui est bien se situe à notre portée. Nos prières et nos affirmations se trouvent là pour nous aider à accepter les dons qui nous sont offerts depuis le début des temps, car Dieu se veut à la fois le donneur et le don.

C'est la façon dont une personne utilise le principe directeur de Dieu qui détermine si elle atteindra la prospérité ou non. Par exemple, si vous envoyez deux géologues dans l'Utah pour chercher des métaux précieux, l'un des deux pourrait passer des années à prospecter en vain, tandis que l'autre pourrait découvrir un filon d'uranium ou d'argent sur le même territoire au cours des cinq premières minutes de recherche. Où était la richesse ? Elle se situait dans l'esprit du deuxième géologue, qui croyait au principe directeur. L'autre géologue n'a rien repéré, même si ce qu'il cherchait se trouvait présent autour de lui.

Ce principe directeur *vous* guidera également vers ce que vous recherchez. Inutile de vouloir influencer les conditions ; c'est sur vous qu'il faut travailler. Le seul endroit où vous détenez le pouvoir de vous guérir du manque et des restrictions est votre esprit. Votre monde constitue une réplique parfaite de votre état d'esprit. Quoi que vous demandiez dans vos prières, soyez convaincu que vous l'avez reçu, et vous ne pourrez que l'obtenir. C'est sur cette notion que repose toute prière efficace, que celle-ci soit tournée vers la guérison de votre corps ou vers la prospérité et la réussite. Dès que votre esprit profond se voit convaincu d'avoir ce à quoi vous aspirez, il le concrétise immédiatement dans votre vie.

Vous me direz peut-être : « Comment puis-je convaincre mon esprit profond ou mon subconscient que je possède des richesses ou toute autre chose positive lorsque mon bon sens me dit que les factures s'accumulent, que les créanciers me courent après, que la banque me demande sans cesse de payer mon hypothèque et ainsi de suite ? » Si vous pensez sans arrêt à vos dettes et à vos obligations, vous ne ferez qu'amplifier vos problèmes. Tout ce que vous devez savoir sur les lois de l'esprit est ceci : votre esprit profond accepte comme une réalité ce que vous répétez souvent avec conviction.

Quand vous avez appris à marcher, vous saviez que peu importe les chutes qui vous attendaient, vous finiriez par réussir. Votre subconscient a accepté votre conviction et vous êtes parvenu à marcher. Il s'agit du même principe en action lorsque vous priez pour la richesse ou toute autre chose. Lorsque votre subconscient accepte l'affirmation de votre richesse grandissante comme une vérité, il fait tout ce qui est en son pouvoir pour la concrétiser. C'est là que réside tout l'intérêt de l'affirmation — vous convaincre de la véracité de votre affirmation. Ensuite, votre esprit profond lui donne vie.

Un jour, une personne vint me voir à mon bureau, ayant de toute évidence mal compris le principe de la loi d'attraction. Elle me confia : « Quelqu'un m'a dit un jour d'affirmer ' Je suis riche et prospère maintenant. J'ai beaucoup de succès et je vis dans l'opulence ', mais ça n'a fait que me rappeler encore plus ce qui me manquait. » Malheureusement, elle croyait plus à la pauvreté et au manque qu'à toutes les richesses qui l'entouraient.

Je lui expliquai donc ceci : « Vous devez oublier ce schéma en modifiant vos croyances. Votre subconscient accepte ce à quoi vous croyez. Regardez autour de vous. Prenez conscience que Dieu vous a créé, ainsi que le monde tout entier. Il représente l'esprit invisible en vous. Il a créé les battements de votre cœur, l'air que vous respirez, l'eau que vous buvez et la nourriture que vous mangez. Ainsi, détournez-vous de vos pensées restrictives et allez à l'intérieur de vous en affirmant : ' Je reconnais la Source éternelle de mon approvisionnement. Dieu est la Source de mon approvisionnement. Tous mes besoins – spirituels, intellectuels et matériels – se voient comblés à chaque instant et en tout point de l'espace. La richesse de Dieu afflue dans ma vie en m'offrant plus que ce dont j'ai besoin. De jour comme de nuit, je vais de l'avant et j'évolue spirituellement dans toutes mes voies. ' »

Elle commença à prendre conscience de la Source de l'océan infini de l'approvisionnement, des cheveux sur sa tête, de l'herbe, du foin dans les champs, du bétail et des milliers de montagnes. Elle s'aligna avec la Source et réalisa qu'elle inscrivait dans son subconscient l'idée de la richesse, de la croissance et de la prospérité. Elle transforma ses idées de pauvreté, qui étaient erronées, en une foi dans les richesses infinies qui l'entouraient.

Savez-vous que tous les fruits qui pourrissent sous les tropiques pourraient nourrir l'humanité tout entière ? La nature se révèle féconde, abondante et généreuse. Dieu vous a donné toutes ces richesses pour que vous en profitiez. Par conséquent, vous n'avez rien demandé ; demandez maintenant que votre joie soit totale. Dans la Bible, demander signifie affirmer. Alors, affirmez avec courage en sachant ce que vous faites et pourquoi vous le faites.

Vous ne devez pas vous inquiéter si vous avez beaucoup de dettes, d'obligations et de factures à payer. Tournez-vous vers la Source, qui est infinie. Un agriculteur a dit : « Je ne m'en fais pas pour les mauvaises herbes ; les céréales poussent et elles sauront s'en débarrasser. » Comme lui, vous devez vous concentrer sur ce qu'il y a de bon et sur la Source éternelle de votre approvisionnement – peu importe que celui-ci soit mental, spirituel ou financier

– et vous montrer reconnaissant pour ses dons infinis. Ainsi, toutes vos mauvaises herbes se verront elles aussi éradiquées. Les pensées de manque et de limitation mourront en vous et Dieu multipliera vos bienfaits à l'infini.

Attirez la joie dans votre vie grâce aux affirmations de vos prières. Il est écrit dans la Bible : « La joie du Seigneur sera votre force. » Répétez cette phrase, et vous serez surpris de voir ce qui se passera en vous et autour de vous. Arrêtez d'analyser vos problèmes et de vous stresser. Contentez-vous de reconnaître que la joie constitue l'expression de la vie. Il n'est pas question de vous épuiser pour avoir le droit d'en faire l'expérience. Cette technique thérapeutique spirituelle et mentale ne fait pas appel à vos muscles ou à votre volonté. Il vous suffit d'affirmer dans vos prières que la joie du Seigneur afflue à travers vous maintenant et que des merveilles se présentent à vous. La liberté et la paix d'esprit seront à vous. Si vous avez la paix d'esprit, vous aurez la paix dans votre portefeuille, dans votre foyer et dans vos relations, car la paix correspond au pouvoir qui réside au centre de Dieu.

Un jour, une dame me fit part de son expérience par rapport à la prière affirmative. Elle me confia : « J'étais dans une impasse financière. J'en étais arrivée au point où je n'avais pas assez d'argent pour nourrir mes enfants. Tout ce que j'avais était un billet de cinq dollars. Alors, je l'ai pris dans ma main et j'ai dit : ' Dieu le multipliera selon Ses richesses et Sa gloire, et je suis désormais remplie des richesses de l'Infini. Tous mes besoins sont instantanément comblés pour le reste de mes jours. ' »

Elle me dit avoir répété cette affirmation pendant à peu près une demi-heure avant qu'un profond sentiment de paix s'empare d'elle. « Je suis allée dans un magasin pour acheter de la nourriture avec mes cinq dollars, et le propriétaire m'a demandé si une place de caissière m'intéresserait puisqu'une de ses caissières venait de démissionner. J'ai accepté son offre et je me suis mariée peu de temps après avec le propriétaire, mon patron, et nous avons profité de toutes les richesses de la vie. »

Cette personne s'est tournée vers la Source et elle avait foi en ce qu'elle affirmait. Il ne s'agissait pas de mots en l'air. Elle ne savait pas comment ses prières seraient exaucées, mais elle croyait, au plus profond de son cœur, aux bienfaits de l'Infini. Le peu de biens qu'elle possédait avait été magnifié et multiplié à l'infini parce que le subconscient exalte toujours ce à quoi vous accordez votre attention.

Ce n'est pas en vous contentant de répéter des phrases que vous serez entendu par Dieu. Vous devez savoir ce que vous faites et pourquoi vous le faites. Vous devez savoir que votre conscience est comme un stylo qui vous permet d'inscrire un message dans votre subconscient. Tout ce que vous inscrivez dans votre subconscient se matérialisera sur l'écran de l'espace sous la forme d'une expérience, d'une chose ou d'un événement – bon ou mauvais. Ainsi, assurez-vous de n'y déposer que des pensées aimables et bonnes.

Il y a en vous une Présence et un Pouvoir, et vous pouvez les utiliser. Vous pouvez faire apparaître le don de Dieu qui réside en vous, car Dieu représente à la fois le donneur et le don, et tout vous a été donné. Par conséquent, vous pouvez vous tourner vers l'intérieur et affirmer le soutien, l'action juste, la beauté, l'amour, la paix, l'abondance et la sécurité. Vous pouvez vous dire en vous-même : « Les idées de Dieu se dévoilent en moi et m'apportent l'harmonie, la santé, la paix et la joie. » Si vous êtes un homme ou une femme d'affaires, un artiste ou un inventeur, instaurez le calme en vous et affirmez : « Dieu me révèle de nouvelles idées créatives et merveilleuses qui bénissent l'humanité de manières innombrables. » Ensuite, voyez quelles idées splendides viennent à vous. Soyez assuré qu'elles viendront, car lorsque vous appelez, la Source vous répond. Rappelez-vous qu'il est écrit dans la Bible : « Il m'invoquera, et je lui répondrai ; Je serai avec lui dans la détresse. Je le protégerai, puisqu'il connaît mon nom. »

L'Intelligence infinie est réactive par nature. Invoquez-la et la réponse vous sera donnée. Affirmez, sentez et croyez en permanence que Dieu multiplie votre bien et vous serez toujours plus riche à chaque instant de la journée – spirituellement, mentalement, intellectuellement, financièrement et socialement. Car il n'y a pas de fin à la gloire de la vie quotidienne. Observez quelles merveilles se produiront lorsque vous imprégnez votre subconscient de ces vérités. Vous les gravez en lui. Plus vous le ferez souvent, plus vous en imprégnerez rapidement votre esprit profond, et vous ferez l'expérience d'un avenir glorieux.

Portez attention à vos pensées. Ne parlez jamais de restriction ou de manque financier. Ne dites jamais que vous êtes pauvre ou dans le besoin. C'est une très mauvaise idée de parler avec votre entourage de vos périodes difficiles, de vos problèmes financiers et d'autres sujets similaires. Comptez plutôt vos bienfaits et tournez-vous vers des pensées de prospérité. Évoquez les richesses divines qui se trouvent présentes partout et prenez conscience que le sentiment de richesse entraîne la richesse. Si vous mentionnez ce qui vous manque et les sacrifices que vous devez accomplir, vous ne faites que vous appauvrir. Utilisez librement votre argent. Libérez-le dans la joie et réalisez que la richesse de Dieu afflue à vous en abondance.

Tournez-vous vers la Source. Si vous prenez contact avec la Présence divine en vous, la réponse vous sera donnée. Il est écrit : *Dieu prend soin de vous.* Des voisins, des inconnus ou des associés viendront contribuer à votre bien et à votre approvisionnement matériel. Prenez l'habitude de prier pour être guidé par le Divin dans toutes vos voies et soyez convaincu que Dieu, ou l'Intelligence suprême, comble tous vos besoins dans la gloire, selon Ses richesses. Affirmez-le avec courage. Prenez place sur le trône de la grâce.

La grâce, lorsqu'on lui enlève sa part mystique, ne se réduit qu'au reflet de vos pensées et de votre imagination. En d'autres mots, c'est l'Intelligence suprême qui répond à vos pensées et à votre imagination. Par conséquent, priez pour être guidé par le Divin dans toutes vos voies. En vous habituant à cet état d'esprit, vous remarquerez que la loi invisible d'opulence peut produire des richesses visibles et qu'elle ne manquera pas de le faire.

Une professionnelle de la médecine me raconta récemment qu'elle avait coutume de réciter la prière suivante : « Je vis dans l'anticipation joyeuse du meilleur, et invariablement le meilleur vient à moi. » Elle me confia que son verset favori de la Bible était : « Lui qui donne à tous la vie, le souffle et toutes choses. » Elle avait compris qu'elle ne dépendait de personne pour trouver la joie, la santé, la réussite ou la paix d'esprit. Elle s'était tournée vers l'Esprit tout-puissant qui l'habitait pour invoquer la réussite et la richesse. Vous aussi pouvez méditer sur ces deux aspects, et l'esprit du Tout-Puissant agira en votre nom et vous incitera à donner vie à l'objet de votre méditation. Lâchez prise dès maintenant et acceptez que l'Infini ouvre de nouvelles portes pour vous et laisse les richesses et les merveilles abonder dans votre existence.

Lorsque vous priez, évitez de le faire dans un esprit de lutte. N'essayez pas de forcer les choses. Pouvez-vous faire pousser une graine ? Non, vous ne le pouvez pas. Plantez-la dans le sol et elle poussera. Le chêne se trouve dans le gland et la pomme dans le pépin. Tout est dans la graine, mais vous devez d'abord la déposer dans la terre où elle se transformera en une autre forme d'elle-même. Lorsqu'un être spirituel observe un gland, il voit une forêt.

Votre conscience a tendance à regarder les conditions extérieures et à résister en permanence. Si vous êtes inquiet, anxieux ou effrayé, vous inhibez votre bien et vous provoquez des blocages, des retards et des difficultés. Rappelez-vous que seul un esprit calme peut obtenir des résultats. Alors, assurez-vous de vous relaxer régulièrement en l'invitant à l'apaisement. Il doit vous obéir. Votre corps n'a aucune conscience de ce qu'il est, pas plus qu'il n'a de volonté. Il bouge lorsqu'on lui demande de le faire. Vous pouvez jouer une mélodie divine dans votre corps. Lorsque votre conscience est sereine et réceptive, la sagesse de votre subconscient s'élève vers la surface de votre esprit et reçoit votre solution.

Une esthéticienne me confia qu'elle devait sa réussite à une pratique quotidienne de la prière. En effet, tous les matins, avant d'ouvrir son salon de beauté, elle se ménageait un moment de calme pour affirmer : « La paix de Dieu emplit mon âme. L'amour de Dieu imprègne mon corps tout entier. Dieu me guide, m'inspire et me fait prospérer. Je suis illuminée par le Très Haut. Son amour curateur afflue en moi par le biais de ma clientèle. L'Amour divin vient à ma porte. L'Amour divin ressort par ma porte. Tous ceux qui viennent dans mon salon sont bénis, guéris et inspirés. La Présence curative infinie emplit cet endroit. Dieu a créé ce jour ; je me réjouis et suis reconnaissante pour les innombrables bénédictions dont mes clients et moi-même avons été les bénéficiaires. »

Elle avait inscrit cette prière sur un morceau de papier cartonné et elle répétait ces vérités tous les matins. Le soir, elle exprimait sa reconnaissance pour tous ses clients en affirmant qu'ils étaient guidés, prospères, heureux et harmonieux, et que Dieu et Son amour affluaient en chacun d'eux et remplissaient tous les vides de leur existence. Elle me révéla qu'au bout de trois mois, elle avait plus de clients que ce qu'elle était en mesure de recevoir, de sorte qu'elle embaucha trois autres esthéticiennes. Ainsi, elle avait découvert les bienfaits d'une prière efficace et sa prospérité dépasse aujourd'hui tout ce qu'elle avait pu imaginer.

Je connais un couple qui s'est servi de la prière affirmative pour sauver leur mariage. Le mari, qui était directeur des ventes, avait été licencié parce qu'il buvait sur le lieu de son travail en plus d'entretenir une liaison avec l'une des secrétaires de l'entreprise. Il se montrait abattu, découragé et inquiet à propos de sa femme, de sa situation financière et de son avenir.

En discutant avec sa femme, j'ai découvert qu'elle aurait aimé avoir le contrôle sur la vie de son mari. Elle était anormalement jalouse et très possessive. Elle surveillait à quelle heure il rentrait du travail le soir et elle lui faisait une scène s'il arrivait en retard. Son mari, quant à lui, faisait preuve d'une immaturité émotionnelle et spirituelle qui l'empêchait de gérer la situation efficacement. Parce qu'il lui en voulait profondément, il riposta en abusant de la boisson et en ayant une liaison extraconjugale. Il me confia à ce sujet : « Je voulais simplement me venger. »

Tous les deux reconnurent qu'il fallait l'effort de deux personnes pour faire fonctionner un mariage. Si un mari et une femme s'entendent sur la prospérité et la réussite, c'est ce qu'ils obtiendront. Ils auront tout l'argent dont ils ont besoin pour faire ce qu'ils veulent quand ils le veulent. Et quand vous possédez les moyens de faire tout ce que vous voulez quand vous le voulez, vous êtes aussi riche que Rockefeller. En conséquence, ils se mirent d'accord pour entamer un processus de prière en ayant conscience qu'ils priaient l'un pour l'autre, et qu'il ne pouvait donc pas y avoir d'amertume, d'hostilité ou de ressentiment, puisque l'Amour divin élimine tout ce qui n'est pas à son image.

La femme commença à réciter tous les soirs la prière suivante : « Mon mari est un homme de Dieu. Dieu le guide vers la place qui lui revient. Ce qu'il recherche le recherche aussi. L'Amour divin emplit son âme. La Paix divine imprègne son cœur et son esprit. Il prospère dans toutes ses voies — spirituellement, mentalement, financièrement et socialement. De jour comme de nuit, il progresse dans toutes ses voies — car la vie elle-même est croissance. L'harmonie, la paix, l'amour et la compréhension règnent entre nous. L'action juste et la paix divine dominent notre vie. »

Le mari récita matin et soir la prière suivante pour sa femme : « Ma femme est une enfant de Dieu. Elle est une fille de l'Infini, une enfant de l'Éternité. L'Amour divin emplit son âme et il est écrit : Dieu prend soin d'elle. La paix, l'harmonie, la joie et l'amour divins affluent en elle à chaque instant. Elle est guidée par le Divin et elle prospère dans toutes ses voies. L'harmonie, la paix, l'amour et la compréhension règnent entre nous. Je salue le Divin en elle, et elle salue le Divin en moi. »

À mesure que la sérénité s'installait entre eux, ils comprirent que seul le bien pouvait venir à eux. Le mari reçut rapidement un coup de fil du président de son entreprise, lequel avait appris que le couple s'était réconcilié, qui le félicita de ses réalisations passées. En réalité, son épouse avait pris l'initiative, sans qu'il le sache, d'aller rendre visite à son président pour lui raconter toute l'histoire — pour lui dire combien ils étaient heureux maintenant et lui apprendre que l'autre femme avait disparu de son existence. Elle lui avait confié qu'ils s'étaient mis à prier ensemble et le président, impressionné par cette démarche, décida de le réembaucher. Ce couple découvrit les richesses de la prière et put profiter d'une vie heureuse et prospère.

Il vous suffit d'observer ce que vous ressentez pour savoir si votre prière se révèle efficace. Si vous vous montrez inquiet ou anxieux, ou encore si vous vous demandez comment et quand votre prière sera entendue, vous ne faites que limiter son efficacité. En agissant ainsi, vous reconnaissez implicitement que vous ne vous fiez pas réellement à la sagesse de votre subconscient. Évitez de vous faire des reproches ou même de le faire seulement de temps en temps. Lorsque vous pensez à votre désir, gardez à l'esprit que l'Intelligence infinie s'en charge dans l'Ordre divin bien mieux que ce que vous pourriez faire à l'aide de votre conscience.

Imaginons par exemple que vous disiez : « J'ai besoin de 5 000 $ d'ici le 15 du mois prochain » ou encore : « Le juge doit prendre une décision en ma faveur d'ici le début du mois prochain, sinon je perds ma maison. » En prononçant ces phrases, vous créez de la peur, de l'anxiété et de la tension. À quoi cela vous servira-t-il ? À vous bloquer, à vous retarder et à compliquer votre situation. À l'inverse, tournez-vous toujours vers la Source. Rappelez-vous que la paix et la confiance doivent constituer vos forces. Trouvez un lieu de calme dans votre esprit et affirmez en vous-même : « Ce que je crois est ce qui m'arrive. Tout est prêt si l'esprit l'est aussi. Il m'est fait selon ma foi. La lumière de Dieu brille en moi. La paix du Dieu éternel emplit mon âme. Je trouverai ma force dans la sérénité et la confiance. Dieu m'a accordé des bienfaits en abondance. Avec Dieu, tout s'avère possible. »

Lisez un psaume, comme le 23e ou le 91e, avec sérénité et bienveillance. Ainsi, vous atteindrez dans votre esprit un lieu de paix et de repos. Vous réaliserez que Dieu n'est jamais en retard et qu'il incarne votre source instantanée et infinie d'approvisionnement qui vous dirige, vous révèle tout ce que vous devez savoir et vous ouvre la porte. Vous verrez que les richesses de Dieu affluent dans votre vie et que vous avez plus que ce dont vous avez besoin. Lorsque vous irez vers la Source, votre chemin s'ouvrira à vous, le soleil se lèvera et les ombres s'enfuiront. Toutefois, vous n'obtiendrez aucune réponse avec la crainte et l'inquiétude. Au contraire, vous ne ferez qu'attirer plus de manque et de difficultés. Par conséquent, méditez sur les vérités de Dieu, sur le fait qu'Il personnifie la paix absolue, l'harmonie totale, la sagesse illimitée et l'intelligence infinie. Dieu est éternel, il possède la sagesse et la connaissance, il se renouvelle et il constitue la source de toutes les bénédictions.

La prière calmera votre esprit et vous apportera la paix. Et quand l'esprit est en paix, il obtient la réponse. Car c'est dans la sérénité et la confiance que vous trouverez votre force. Et Dieu seul connaît la réponse. Apprenez à lâcher prise et à vous détendre. N'attribuez aucun pouvoir aux conditions extérieures, mais reconnaissez la puissance de l'Infini, de la Présence et du Pouvoir en vous, et jurez-lui fidélité.

Lorsque vous recherchez la richesse, la prospérité, la réussite ou une guérison spirituelle, vous devez sentir que vous baignez dans la sainte Omniprésence comme si vous étiez dans un océan ou dans une piscine, et réaliser que la Rivière dorée de l'amour, de la vérité et de la beauté afflue en vous et vous transforme en un être d'harmonie, d'amour, de paix et d'abondance. Sentez que vous nagez dans ce grand océan de vie. Cette sensation d'unité vous restaurera.

La méditation que je vous propose maintenant attirera de merveilleux bienfaits dans votre vie. Affirmez ceci :

> *Ces vérités s'enfoncent dans mon subconscient. Je les imagine se déplacer de ma conscience vers mon subconscient comme des graines que je plante dans la terre. Je sais que je crée mon propre destin. Ma foi se voit tournée vers l'Être infini Qui a créé toutes choses, et ma foi en Dieu est ma fortune. Il s'agit d'une foi inébranlable en tout ce qui est bon. Je vis dans l'anticipation joyeuse du meilleur, et seul le meilleur viendra à moi. Je sais que j'en récolterai les fruits à l'avenir, car toutes mes pensées sont des pensées de Dieu. Le pouvoir de Dieu réside dans celles de mes pensées qui sont axées vers le bien. Mes pensées constituent des graines de bien, de vérité, de beauté et d'abondance. Je dépose maintenant mes pensées d'amour, de paix, de joie, de réussite, d'abondance, de sécurité et de bonne volonté dans le jardin de mon esprit. Il s'agit du jardin de Dieu. La gloire et la beauté de Dieu se manifesteront dans ma vie et*

je sais que mon jardin produira une récolte abondante. À partir de maintenant, j'exprime la vie, l'amour et la vérité. Je suis extrêmement heureux et prospère dans toutes mes voies et Dieu multiplie mon bien à l'infini.

Ne soyez jamais envieux ou jaloux de la richesse, de la promotion ou des bijoux d'une autre personne, car de tels sentiments vous appauvriraient. La jalousie attirerait le manque et la limitation. Efforcez-vous plutôt de vous réjouir de leur réussite et de leur prospérité, et de leur souhaiter des richesses encore plus grandes – car ce que vous souhaitez pour les autres est ce que vous vous souhaitez à vous-même. Lorsque vous pensez de façon positive à une autre personne, vous créez de l'abondance dans votre esprit, votre corps, votre situation et votre portefeuille. C'est pour cette raison que vous devez vous réjouir de la réussite et de la prospérité des autres. Pour véritablement prospérer, il s'avère nécessaire que vous deveniez un canal par lequel le Principe de Vie puisse affluer dans la liberté, la joie et l'amour.

Un jour, un jeune homme vint me consulter parce qu'il souffrait depuis plusieurs années d'un « complexe de pauvreté » et n'avait reçu aucune réponse à ses prières. Il priait pour la prospérité, mais la peur de la pauvreté venait toujours alourdir son esprit. Naturellement, il attirait à lui plus de pauvreté et de limitation que de prospérité.

Après notre discussion, il commença à réaliser que chaque pensée se révélait créatrice, à moins de se voir neutralisée par une pensée opposée d'une plus grande intensité. En outre, il comprit que ses pensées et ses croyances sur la pauvreté pesaient plus lourd que celles qu'il entretenait sur les richesses infinies qui l'entouraient. Par conséquent, il modifia ses pensées et ne revint pas dessus. Je rédigeai pour lui la prière de prospérité que je vous présente maintenant et dont vous pourrez également bénéficier.

Je sais qu'il n'existe qu'une Source, le Principe de Vie ou l'Esprit vivant, d'où naissent toutes choses. Elle a créé l'Univers et tout ce qu'il contient. Je suis un point d'ancrage pour la Présence divine. Mon esprit est ouvert et réceptif. Je suis un canal par lequel l'harmonie, la beauté, le soutien et les richesses de l'Infini circulent librement. Je sais que la richesse, la santé et la réussite sont libérées de l'intérieur et se manifestent à l'extérieur. Je suis désormais en harmonie avec les richesses infinies qui règnent à l'intérieur et à l'extérieur, et je sais que ces pensées s'enfoncent dans mon subconscient et se refléteront sur l'écran de l'espace. Je souhaite à chacun tous les bienfaits de la vie. Je suis ouvert et réceptif aux richesses divines – spirituelles, mentales et matérielles –, et elles affluent dans ma vie en abondance.

Ce jeune homme orienta ses pensées vers les richesses de Dieu au lieu de se concentrer sur la pauvreté. Il se fit un point d'honneur de ne pas renier ce qu'il affirmait. Nombreux sont ceux qui prient pour la richesse et qui la renient une heure plus tard, en disant par exemple : « Je ne peux pas me le permettre. Je ne m'en sortirai pas. » Cela revient un peu à se moquer de leur prière. Imaginez qu'un homme prend le taxi pour l'aéroport et qu'il lance en cours de route au chauffeur : « Oh, ramenez-moi à la maison, j'ai oublié mon passeport. » Il retourne chez lui, puis il remonte dans le taxi en direction de l'aéroport, avant d'annoncer au conducteur : « Oh, j'ai oublié mon portefeuille au club ; emmenez-moi là-bas. » Le chauffeur le conduit au club, où il récupère son portefeuille, puis il rembarque dans le taxi à destination de l'aéroport. Au bout d'un moment, il indique au conducteur : « Oh, j'ai oublié des papiers chez ma grand-mère », et celui-ci change d'itinéraire pour aller chez la grand-mère. En l'espace d'une demi-heure, notre homme aura donné cinq ou six directions différentes au chauffeur. Toutefois, ce dernier finit par conduire son passager au poste de police, car il réalise que son client est mentalement instable.

Voilà la façon dont prient des millions de personnes – même les adeptes du mouvement de la Nouvelle Pensée. Ils fournissent une multitude de directions différentes à leur subconscient en l'espace d'une demi-heure ou d'une demi-journée. Leur subconscient se trouve alors tellement embrouillé et perplexe qu'il ne sait plus quoi faire, de telle sorte qu'il ne fait rien. Par conséquent, ces personnes se sentent frustrées. Dans ces conditions, ne contredisez pas ce que vous affirmez dans vos prières — on ne retire pas une graine du sol après l'y avoir plantée, et on ne revient pas sur une prière que l'on a offerte.

Le jeune homme finit donc par réussir à axer ses pensées vers les richesses de Dieu plutôt que vers la pauvreté, et il arrêta de dire : « Je n'en ai pas les moyens » ou « Je ne peux pas acheter ce piano ou cette voiture. » Ne dites jamais : « Je ne peux pas. » Cette affirmation représente le seul mal de l'Univers. Votre subconscient vous prend au mot et bloque tous vos bienfaits. En l'espace d'un mois, la vie de cet homme se modifia. Tous les matins et tous les soirs, il priait environ dix minutes et inscrivait ainsi ces vérités dans son subconscient en sachant ce qu'il faisait, en croyant à ce qu'il effectuait et en comprenant qu'il était réellement en train d'imprégner ces vérités dans son subconscient afin d'en libérer les trésors enfouis. Même si cela faisait dix ans qu'il occupait un poste de vendeur offrant des perspectives limitées pour l'avenir, il fut subitement nommé directeur des ventes et ses revenus augmentèrent en conséquence.

Le subconscient emprunte des chemins qui vous sont inconnus. Il s'avère impossible de l'imprégner de l'idée de la richesse et d'être pauvre. Il se révèle impossible de l'imprégner de l'idée de la réussite et d'échouer ; l'Infini ne faillit jamais. Vous êtes né pour triompher. Que votre prière soit celle-ci : « De jour comme de nuit, j'avance et je grandis. Dieu me fait profiter en abondance de tous ses bienfaits. »

En résumé

Quand l'argent circule librement dans votre vie, vous êtes en bonne santé sur le plan économique — de la même façon que vous êtes en bonne santé physique quand le sang circule librement dans votre corps.

N'être intéressé que par l'argent crée un déséquilibre et une frustration. Mais si vous appliquez correctement les lois de votre subconscient, vous aurez tout l'argent que vous voulez sans y sacrifier votre paix d'esprit, votre harmonie et votre intégrité.

Dieu est la Source de votre approvisionnement en énergie, en vitalité, en santé et en idées créatrices. Dieu est la Source du Soleil, de l'air que vous respirez, de la pomme que vous mangez et de l'argent dans votre poche.

Répétez chaque jour : « Je suis né pour réussir. Je suis né pour gagner. L'Infini en moi ne peut échouer. La Loi et l'Ordre divins gouvernent ma vie. La Paix divine emplit mon âme et l'Amour divin imprègne mon esprit. L'Intelligence infinie me guide sur toutes mes voies. Les richesses de Dieu affluent librement, joyeusement et infiniment dans ma vie. Je vais de l'avant et j'évolue mentalement, spirituellement, financièrement et dans tous les autres aspects de ma vie. Je sais que ces vérités s'enfoncent dans mon subconscient. Je sais et je crois qu'elles se manifesteront en abondance. »

Affirmez, sentez et croyez en permanence que Dieu multiplie votre bien et vous serez toujours plus riche à chaque instant de la journée – spirituellement, mentalement, intellectuellement, financièrement et socialement. Car il n'y a pas de fin à la gloire de la vie quotidienne. Observez quelles merveilles se produiront lorsque vous imprégnez votre subconscient de ces vérités.

Récitez chaque jour la prière suivante :

Je sais qu'il n'existe qu'une Source, le Principe de Vie ou l'Esprit vivant, d'où naissent toutes choses. Elle a créé l'Univers et tout ce qu'il contient. Je suis un point d'ancrage pour la Présence divine. Mon esprit est ouvert et réceptif. Je suis un canal par lequel l'harmonie, la beauté, le soutien et les richesses de l'Infini circulent librement. Je sais que la richesse, la santé et la réussite sont libérées de l'intérieur et se manifestent à l'extérieur. Je suis désormais en harmonie avec les richesses infinies qui règnent à l'intérieur et à l'extérieur, et je sais que ces pensées s'enfoncent dans mon subconscient et se refléteront sur l'écran de l'espace. Je souhaite à chacun tous les bienfaits de la vie. Je suis ouvert et réceptif aux richesses divines – spirituelles, mentales et matérielles –, et elles affluent dans ma vie en abondance.

•●• •●•

Chapitre deux

Réalisez votre désir

Le désir est un don de Dieu et il représente également l'élan du Principe de Vie qui réside en vous. Étant le pouvoir créateur, il doit par conséquent être canalisé et dirigé prudemment. C'est dans notre esprit que le désir naît et qu'il se voit comblé. C'est le désir qui nous permet de nous écarter pour ne pas être heurté par un véhicule ; le désir fondamental de protéger notre vie. Les agriculteurs plantent des graines parce qu'ils désirent obtenir de la nourriture pour eux et pour leur famille. Nous construisons des avions et des vaisseaux spatiaux parce que nous éprouvons le désir d'explorer le monde. Le désir constitue une impulsion de l'Infini qui nous pousse à aller vers ce qui rendra notre vie plus intense et plus heureuse.

Certains pensent qu'il est mal d'avoir des désirs. Est-il acceptable de reconnaître notre désir de mener une vie meilleure que celle que nous menons actuellement ? Est-il bon d'aspirer à plus, de progresser et de prospérer quand il y a tellement de souffrance dans le monde ? Ces questions tout à fait légitimes doivent être résolues une fois pour toutes si vous voulez profiter de changements positifs durables. Croire que le désir doit être supprimé ou annihilé entraîne des conséquences désastreuses. Si les gens parvenaient à se débarrasser de leur désir, ils ne feraient plus la distinction entre le bien et le mal. Ils ne pourraient plus rien ressentir et perdraient l'envie de faire quoi que ce soit. Votre désir implique que vous choisissiez une chose par rapport à une autre. Lorsqu'il n'existe plus, il devient impossible de choisir.

Thomas Troward, écrivain du dix-neuvième siècle à qui l'on doit de nombreux traités sur la spiritualité, passa plusieurs années en Inde. Pendant son séjour, il remarqua que les dévots indiens qui recherchaient la mort du désir, bon ou mauvais, perdaient une partie de leur humanité et devenaient des sortes de vestiges des êtres qu'ils avaient été autrefois. Troward souligna ainsi que la suppression du désir provoquait une apathie.

Éliminer un désir ne se révélerait bénéfique que dans la mesure où sa réalisation nous coûterait notre intégrité ou porterait atteinte à quelqu'un. Par exemple, le désir de richesse matérielle s'avère bon si nous cherchons à l'obtenir par des moyens honnêtes, pour le bien de notre famille et de nos enfants. Par contre, si la recherche de cette richesse prend toute la place et nous incite à négliger notre famille et à profiter des autres, ce désir prend alors une mauvaise direction. Mais ce n'est pas le désir en lui-même qu'il faut blâmer; c'est la corruption qui a été faite de la signification même du mot « abondance ».

Si vous ne parvenez pas à réaliser vos désirs d'être, de faire et d'avoir sur une période prolongée, vous finissez par devenir frustré et malheureux. Vous n'êtes pas sur Terre pour être malheureux, mais pour choisir le bonheur, la paix, la prospérité et tous les bienfaits de la vie. Vos désirs vous permettent d'affirmer : « Ceci est bon, voilà pourquoi je le choisis. » Par exemple, si vous êtes pauvre, vous choisissez la richesse; si vous êtes malade, vous voulez la santé. Si vous êtes en prison, vous désirez la liberté. Et si vous étiez en train de mourir de soif dans le désert, vous voudriez de l'eau. Tous ces désirs se révèlent bons et naturels.

Il n'existe pas de mauvais désir en tant que tel. Cependant, il peut vous arriver de mal orienter ou de mal interpréter un désir qui monte en vous. Imaginons qu'une personne désirant la richesse tue un banquier ou dévalise un magasin dans son ignorance et sa volonté de combler ce désir. Il s'agirait d'un désir mal dirigé et la personne en question se retrouverait en prison, accusée de meurtre. Notre désir de nourriture s'avère naturel et légitime, mais nuire à quelqu'un pour obtenir un morceau de pain constitue un acte de violence.

Si vous avez été éduqué dans l'idée puritaine et répressive qu'il était mal de désirer, il est temps de vous libérer de cette pensée restrictive et de sortir de cette obscurité spirituelle (qui ignore la générosité de l'Univers). Lorsque nous reconnaissons qu'il existe en nous une Intelligence infinie qui a créé l'Univers et qui peut combler tous nos désirs, nous arrêtons de résister et nous dépassons nos frustrations. Nous savons alors qu'il réside en nous un Pouvoir qui nous élève et nous met sur le chemin du bonheur, de la santé, de la paix d'esprit et de la réalisation de nos rêves les plus fous — sans priver qui que ce soit de ces bienfaits.

Notre monde équivaut à un lieu sauvage, ou à un désert, qui peut se voir transformé en un jardin magnifique, en un vignoble luxuriant ou en un champ de blé nourrissant. Notre esprit représente un champ riche et fertile que nous pouvons cultiver afin d'y faire pousser des plantes d'une grande beauté qui prendront la place des ronces et des mauvaises herbes de notre vie. Grâce à nos désirs, nous pouvons matérialiser une existence et un monde merveilleux.

Quand l'agriculteur plante des graines dans le sol, qu'il les arrose et les entoure de soins, le pouvoir de la Source, ou Dieu, les transforme en une magnifique culture. De la même façon, ce que vous plantez dans votre esprit par le biais de vos pensées, de vos sentiments et de votre imagination devient votre réalité. Lorsque nous semons dans notre esprit des pensées d'abondance et que nous les nourrissons de nos prières et de notre foi en Dieu, notre récompense consiste à récolter une plus grande prospérité. À l'inverse, avec des pensées de manque et de limitation, on ne peut moissonner que des situations négatives.

La graine représente le miracle de Dieu. Déposez-la dans un sillon et elle disparaîtra. Si elle dispose de suffisamment d'eau, elle se transformera dans l'obscurité de la terre pour devenir une plante ou un arbre. Ceux-ci naissent de la graine de la même manière que nos pensées façonnent notre vie. Une idée ou une pensée de l'esprit conscient et raisonné, qui se voit entretenue avec régularité – et qui ne se trouve pas contredite ou annulée par une autre idée ou pensée opposée –, se transforme dans notre esprit profond pour se manifester sous la forme d'une expérience. L'ampleur avec laquelle une idée se manifestera dans votre vie dépendra de l'attention et de l'émotion que votre conscience lui aura consacrées.

Si vous êtes déçu, semez de nouvelles idées dans votre esprit et laissez-leur le temps de prendre racine. Elles finiront par « pousser » et « fleurir ». Plantez au plus profond de votre esprit réceptif des pensées inspirantes et tournées vers la vie, en étant convaincu que la Divinité généreuse et protectrice qui vous guide les manifestera dans la réalité. Votre récolte sera plus belle que tout ce que vous aurez imaginé et rêvé de plus fou dans votre cœur. Méditez sur l'amour, sur la santé et sur l'abondance de toutes les qualités et talents que vous n'êtes pas conscient de posséder. Les richesses de l'esprit et l'abondance matérielle peuvent être à vous.

Commencez par exprimer régulièrement votre reconnaissance pour votre prospérité et vos bienfaits, et vous remarquerez déjà un changement. De nouvelles idées, de nouveaux contrats et de nouvelles occasions se présenteront à vous. Il s'agit d'une façon merveilleusement constructive d'utiliser votre imagination, ce qui vous apportera la chance. Avec Dieu, tout est possible. Tout ce que l'esprit peut concevoir existe dans une réalité potentielle de l'Esprit infini. Dieu nous a donné tout ce dont nous avons besoin pour vivre sur Terre – une abondance de tout ce qui nous est nécessaire pour profiter d'une vie réussie et épanouissante. Cette loi du subconscient apparaît même dans les écrits d'anciens philosophes, dans les Écritures et dans des textes de différentes religions.

Même s'il nous est impossible de distinguer la loi de l'esprit et les rouages de la Source, nous savons que l'Esprit infini répond toujours et que l'Intelligence répond à nos convictions – nos idées et concepts qui sont profondément ancrés. Si la graine (idée ou pensée) se voit nourrie (méditation et prière), la récolte (récompense) se révélera abondante. Il est impossible d'apercevoir l'Intelligence ; seuls ses résultats sont visibles. Par exemple, la joie, la bonté, la colère et l'hostilité sont invisibles; seuls leurs effets sont perceptibles.

J'ai travaillé avec un homme qui s'est servi du pouvoir de son esprit pour transformer sa vie. Le jour où il vint assister à l'une de mes conférences sur la puissance du subconscient, il était fauché, avait perdu son travail et ressentait un profond découragement.

Il n'avait jamais participé à une conférence sur le sujet, mais il reconnut une certaine logique dans le concept, de sorte qu'il décida de rentrer chez lui pour appliquer mes enseignements. Il commença par rédiger une liste de trois désirs : un travail épanouissant, une voiture et de l'argent. Il voulait tester la loi du subconscient pour savoir si les concepts de ma conférence pouvaient l'aider. Il entreprit donc d'effectuer des séances quotidiennes de prières affirmatives, et ce suffisamment longtemps pour leur donner une chance de fonctionner. Cet homme savait qu'on n'apprend pas à nager après une ou deux tentatives.

Il récita la prière suivante : « Je sais que l'Intelligence infinie me répond. Elle me révèle maintenant mes véritables talents. Je suis conscient de mes talents cachés. Je gagne très bien ma vie. Je sais que l'idée de ma véritable vocation et sa manifestation ne font qu'un dans l'Esprit divin. Je suis le chemin qui apparaît dans mon esprit conscient et raisonné. Il m'est impossible de le manquer, car il se présente clairement à moi et je le reconnais. » Au bout de deux semaines, un contrat lui fut proposé pour un poste à San Francisco. Il exprima sa gratitude et se réjouit du résultat. Puis, il passa à son objectif suivant : une nouvelle voiture. Même s'il n'avait pas les moyens financiers de s'en acheter une, il me confia : « Je sais que j'ai en moi l'idée d'une voiture. Elle est réelle et je vais lui rester fidèle. Elle doit se concrétiser. » Il priait ainsi sur une base quotidienne et il n'eut pas à attendre longtemps avant de gagner un véhicule dans le cadre d'une loterie.

Désormais, il connaissait le secret du subconscient : s'il s'identifiait mentalement et émotionnellement à une idée, son subconscient la concrétiserait. Il se montrait déjà très reconnaissant, mais son prochain désir consistait à avoir plus d'argent. Matin et soir, il priait Dieu en le remerciant pour les richesses qui affluaient dans sa vie tout en affirmant que son désir de richesse était comblé. Un jour, il rencontra une veuve fortunée dont il tomba amoureux et qui finança son entreprise. Cet homme s'était basé sur une méthode bien précise en affirmant que chacun de ses désirs se voyait déjà satisfait.

Je connais une autre personne qui profita des bienfaits de la loi de l'esprit. Il s'agit d'un homme qui travaille au studio où est diffusée mon émission de radio. Il me confia avoir décrété que son subconscient lui révélerait le plan parfait pour participer à la convention annuelle d'un organisme auquel il appartenait. Il pria donc dans ce sens, et une porte s'ouvrit rapidement puisqu'il fut invité à cette convention tous frais payés.

Il me raconta également avoir décrété l'année précédente que l'Intelligence infinie de son subconscient lui dévoilerait le plan parfait pour accomplir un voyage en Europe et visiter de nombreux pays. Son désir se réalisa lorsque sa famille lui proposa de payer tous les frais de son voyage. Même s'il n'avait pas un sou en poche, il s'était servi de son esprit profond pour obtenir ce qu'il souhaitait.

Vous aussi possédez la capacité d'aller puiser dans cette source infinie qui réside en vous. Demandez ce que vous voulez, ressentez que vous l'avez, puis réjouissez-vous — ainsi, tout se réalisera. Décidez maintenant que vous pouvez faire ce que vous voulez faire et être ce que vous voulez être. À l'heure actuelle, aucune personne éclairée ne croit qu'un sort cruel nous condamne à la pauvreté, à la maladie, à la misère ou à la souffrance. Il s'agit d'une croyance primitive dont l'absurdité dépasse l'entendement. Il s'avère ridicule de blâmer un Être infini pour nos problèmes alors que nous les attirons à nous par le biais de nos pensées et de notre mauvaise utilisation de la loi de l'esprit. Vous pouvez utiliser le pouvoir de votre subconscient de manière négative ou constructive.

Un de mes collègues, le docteur J. Kennedy Schultz, président de l'organisme Religious Science International, a traité de l'importance de choisir des pensées positives :

Les idées sont formidables lorsqu'elles appuient des concepts créateurs et bienfaiteurs comme étant universellement accessibles, applicables et souhaitables. Ceux-ci concernent par exemple la liberté individuelle, la paix universelle, l'amour inconditionnel et la productivité exponentielle. De telles idées redonnent vie à chacun et à tous. Elles représentent la substance qui a permis à la race humaine d'améliorer son sort à travers l'histoire. Ces idées ont été remises au goût du jour à chaque nouvelle génération par suffisamment d'individus pour que la vie humaine continue à évoluer, même lentement, en dépit de l'ignorance et de la cruauté qui ont accablé toutes les époques de l'histoire.

La Présence de Dieu correspond au Principe de Vie infini qui existe en vous et qui veut votre bien en permanence. Elle se trouve là pour vous remettre sur pied et pour éclairer votre chemin. Il n'y a rien, à part vos pensées et fausses croyances, qui vous condamne à vous limiter à une vie de médiocrité, de mauvaise santé ou de misère. Libérez-vous de la peur, du manque et de l'isolement qui vous emprisonnent. Arrêtez de croire que Dieu s'apparente à un vieil homme à moustaches perché sur son nuage qui s'amuse à vous punir. Une telle croyance révèle une ignorance totale, et l'ignorance se veut le seul péché de l'Univers. Dieu incarne la Présence, l'Intelligence et le Pouvoir infinis qui vous habitent à jamais. Cette Source divine peut facilement restaurer votre santé si vous affirmez dans vos prières que votre corps est parfait et intègre. Des recherches ont démontré que les maladies tiraient leur origine dans les profondeurs de l'esprit — au milieu des passions brimées, des désirs refoulés, des jalousies et des angoisses.

Les pensées et le discours qui vous sont propres teintent tout ce qui se trouve dans votre univers. Par conséquent, ne critiquez pas, ne condamnez pas et ne méprisez pas votre corps ou le monde. Votre corps constitue le temple du Dieu vivant. Glorifiez Dieu dans votre corps et glorifiez Dieu dans le monde. Quoi que vous condamniez dans ce dernier, c'est vous-même que vous condamnez.

Prenez conscience du fait que l'esprit et le corps ne font qu'un, et cessez de mépriser le matériel. Une fois pour toutes, arrêtez de séparer l'Esprit de Dieu de la chair et du sang du monde, car ils ne sont qu'une seule et même réalité. Einstein définissait la matière comme un esprit, ou une énergie, réduit à un point de visibilité. Il y a 10 000 ans, les hindous croyaient également que l'esprit et la matière ne faisaient qu'un. La matière représente le degré le plus bas de l'Esprit, et celui-ci correspond au degré le plus élevé de la matière. Une voiture est une idée spirituelle qui se trouve devant votre porte. Quand vous avez faim, un sandwich au jambon se veut la réponse à votre prière, ce qui le rend également spirituel.

Récitons maintenant la prière suivante :

Au centre de mon être se trouve la paix de Dieu. C'est dans cette paix que je ressens la force, la joie et l'amour de Sa sainte Présence. Je suis conscient que l'Intelligence infinie me guide dans toutes mes voies. Il est la lampe qui éclaire mes pas et la lumière sur mon chemin. Je monte le cheval blanc, qui est l'Esprit de Dieu se mouvant dans les eaux de mon esprit. Je détourne mon attention de ce que je perçois comme des problèmes et je contemple la réalité du désir comblé. Je suis témoin du fait accompli et je me réjouis.

En résumé

Le désir constitue une impulsion de l'Infini nous disant quelque chose qui, si nous l'acceptons, rendra notre vie plus intense et plus heureuse. Sans le désir et l'anticipation de bienfaits ou de gains, personne ne prendrait les mesures qui permettent de faire avancer le monde.

Le désir consiste en un pouvoir créateur qui doit être canalisé et dirigé prudemment. C'est dans notre esprit que le désir naît et qu'il se voit comblé. Si vous vous identifiez mentalement et émotionnellement à une idée, votre subconscient la concrétisera dans votre existence.

Libérez-vous de la peur, du manque et de l'isolement qui vous emprisonnent. Arrêtez de croire que Dieu s'apparente à un vieil homme à moustaches perché sur son nuage qui s'amuse à vous punir. Une telle croyance révèle une ignorance totale, et l'ignorance se veut le seul péché de l'Univers. Les punitions, la détresse et la souffrance sont des conséquences de l'ignorance. Il s'avère ridicule de blâmer un Être infini pour nos problèmes alors que nous les attirons à nous par le biais de nos pensées et de notre mauvaise utilisation de la loi de l'esprit.

Dieu est la Présence, l'Intelligence et le Pouvoir infinis en vous. Prenez conscience que la Présence curative est en vous et qu'elle peut vous restaurer. Réalisez que l'Intelligence vous guide dans toutes vos voies. Détournez votre attention des problèmes et contemplez la réalité du désir comblé.

Chapitre trois

Programmez votre subconscient

POUR VOUS PERMETTRE DE COMPRENDRE le processus qui permet de créer de la richesse par le biais du subconscient, nous allons nous pencher sur le fonctionnement de votre esprit. Imaginons qu'un psychologue ou un psychiatre vous hypnotise. Dans l'état d'hypnose, votre conscience, ou esprit raisonné, n'existe plus, et votre subconscient se trouve particulièrement réceptif aux suggestions. Si votre hypnotiseur vous disait que vous êtes le président des États-Unis, votre subconscient accepterait cette information comme étant réelle puisqu'il ne raisonne pas, ne choisit pas et ne fait pas de différence (à l'inverse de votre conscience). Vous adopteriez alors l'air important et digne que vous associez à la fonction de président.

Si vous étiez allergique à la phléole des prés et que votre psychiatre vous mettait sous le nez un verre d'eau en vous affirmant qu'il s'agit de phléole, vous développeriez tous les symptômes d'une crise d'allergie et vos réactions physiques se révéleraient les mêmes que si vous étiez réellement en contact avec l'élément allergène.

Si on vous disait sous hypnose que vous êtes un mendiant dans un quartier mal famé, votre attitude changerait immédiatement et vous deviendriez un humble quémandeur tendant aux passants une boîte de conserve imaginaire pour recevoir l'aumône. Ainsi, vous pourriez croire tout ce qui vous serait suggéré à propos de vous-même en raison de la réceptivité totale de votre subconscient.

Il s'avère important de garder à l'esprit que votre subconscient acceptera toujours vos convictions, indépendamment de la part de vérité qu'elles contiennent, comme nous avons pu le constater dans les exemples précédents.

Malheureusement, dès notre enfance, la majorité d'entre nous ont reçu de nombreuses suggestions négatives. On pourrait parler de « programmation négative ». Comme nous ne savions pas comment rejeter ces suggestions, nous les avons acceptées inconsciemment. Par exemple, on vous a peut-être dit : « Oh, tu n'es pas capable de faire ça », « Tu seras toujours un bon à rien » ou « Inutile d'essayer, tu n'y arriveras pas. » Et maintenant, vous souffrez d'un complexe d'infériorité. Peut-être avez-vous également entendu : « Ce n'est pas tant ce que l'on fait qu'avec qui on le fait », « Ne fais jamais confiance à qui que ce soit », « Avec l'âge, la mémoire s'en va », « La vie est un éternel recommencement », « Ça n'intéresse personne », « Ça ne sert à rien de faire autant d'efforts » ou « La situation du monde empire en permanence. »

Si nous songeons à nos expériences passées, il ne nous est pas difficile de constater que nos parents, nos amis, nos proches, nos enseignants et d'autres personnes de notre entourage ont contribué à cette « campagne » de suggestions négatives. Si vous analysez ce qui vous a été dit, vous découvrirez que derrière la plupart de ces messages se dissimulait une envie de vous contrôler ou d'insinuer la peur en vous.

Si vous acceptez toutes ces suggestions négatives, vous programmez votre subconscient d'une façon extrêmement dommageable. Vous risquez ensuite de développer un complexe d'infériorité accompagné de peurs et de la sensation de ne pas être à votre place. À moins que vous ne reprogrammiez votre subconscient de façon constructive une fois parvenu à l'âge adulte, les influences que vous avez subies par le passé risquent d'entraîner la répétition de schémas comportementaux qui vous mèneront à l'échec sur les plans personnel et professionnel. La programmation permet de vous affranchir du conditionnement verbal négatif qui aurait autrement le pouvoir de vous rendre malheureux.

Imaginons par exemple que Charles a un mauvais caractère et qu'il souhaite modifier ce trait de personnalité. Une des façons de procéder pourrait être de réciter matin et soir la prière suivante : « Chaque jour, je deviens un peu plus aimable et compréhensif. Je deviens maintenant une source de joie, de cordialité et de bienveillance envers tous ceux qui m'entourent et je leur transmets ma bonne humeur. Cette humeur joyeuse et gaie représente à présent mon état d'esprit normal et naturel, et je suis reconnaissant. »

Charles peut graver ces mots dans son subconscient et le reprogrammer pour donner une nouvelle direction à son esprit. Puisque le subconscient se révèle totalement réceptif, il ressentira le besoin de se montrer plus sympathique et cordial — et d'être un homme bienveillant. Tout ce qui se voit imprimé dans le subconscient se concrétise sous la forme d'un objet, d'une expérience et de circonstances.

Si vous lisez le journal, vous verrez qu'il foisonne d'idées orientées vers la futilité, l'inquiétude, l'angoisse et les catastrophes. Ces pensées effrayantes pourraient vous faire perdre toute envie de vivre. Sachez que vous rejetez toute cette négativité en offrant à votre subconscient des suggestions constructives. Tous les matins, vous pouvez affirmer calmement : « La Loi et l'Ordre divins gouvernent ma vie. L'Action juste divine règne en maître suprême. La Réussite et l'Harmonie divines m'appartiennent. La Paix divine emplit mon âme. L'Amour divin imprègne mon être tout entier. L'Abondance divine m'appartient. L'Amour divin se manifeste aujourd'hui et à jamais pour que mon chemin se fasse sans encombre dans la joie et dans la gloire. »

Pendant la Seconde Guerre mondiale, un commandant de marine programma son subconscient en répétant ces vérités. Matin et soir, il récitait sa propre version du 23e psaume :

Le Seigneur est mon guide. Je ne dériverai pas. Il m'éclaire à travers les mers sombres. Il me dirige au milieu des mers profondes. Il tient la barre. Il me guide par l'étoile de Sa sainteté et en Son nom. Oui, même si je navigue au milieu des tonnerres et des tempêtes de la vie, je ne redouterai aucun danger, car Tu es avec moi. Ton amour et Tes soins me protègent. Tu prépares un port dans la patrie d'éternité. Tu transformes les vagues en une mer d'huile. Mon bateau vogue calmement. Sûrement, ta lumière, de jour comme de nuit, éclairera ma route, et je reposerai à jamais dans le port de mon Dieu.

Petit à petit, grâce à ses prières répétées et à sa foi, il réussit à faire pénétrer ces pensées dans son subconscient. Puisque tout ce qui s'y trouve inscrit doit s'exprimer dans la vie, il fut incité à mener une vie d'harmonie, de paix et d'amour.

Vous aussi pouvez programmer votre subconscient. Le matin, avant de monter dans votre voiture, rappelez-vous que la Source divine vous guide et que vous arrivez sain et sauf à destination. Programmez votre esprit pour savoir que vous êtes guidé par l'Infini, dont la connaissance se révèle absolue. Si vous affirmez ces vérités avec conviction, celles-ci s'enfonceront dans votre esprit et vous permettront de voyager en toute sécurité – car la nature de votre subconscient consiste à concrétiser vos pensées.

Au cours d'une de mes conférences à l'église Unity de la Nouvelle-Orléans, je rencontrai une dame qui me raconta une histoire illustrant parfaitement la puissance du subconscient. Un homme qui se rendait fréquemment à son église avait pour habitude de dire : « Il y a beaucoup de cambriolages dans mon voisinage. Mon magasin ferme assez tard dans la nuit et je serai probablement moi aussi victime d'un vol à main armée ; je risque même de me faire tuer. »

Les autres membres de la congrégation lui répondirent : « Cesse d'émettre ces suggestions négatives. Tu dois penser différemment. »

Malheureusement, il ne porta pas attention à ce qui lui était conseillé et il continua à entretenir des idées de menace qui programmaient négativement son subconscient. Il finit par être lui aussi cambriolé et il fut même tué. Il avait mal programmé son subconscient. Au lieu de cela, il aurait pu utiliser le 91e psaume pour affirmer :

> *Je demeure sous l'abri du Très Haut. Je repose à l'ombre du Tout-Puissant. Je dis à l'Éternel : mon refuge et ma forteresse, mon Dieu en qui je me confie ! Il me couvrira de ses plumes, et je trouverai un refuge sous ses ailes ; sa fidélité est un bouclier et une cuirasse. Je ne craindrai ni les terreurs de la nuit, ni la flèche qui vole de jour.*

Il aurait pu prendre l'habitude de répéter ces vérités et réaliser que l'amour de Dieu l'entourait et l'enveloppait. Il aurait pu réciter en lui-même : « Tu es mon asile. Tu m'entoures de chants de délivrance », et il se serait ainsi protégé du mal, car les prières constituent des anticorps spirituels.

Une femme, qui elle aussi programmait mal son subconscient, fut retrouvée violée et étranglée dans son appartement il y a quelques années. Le détective chargé de l'affaire m'apprit qu'il avait découvert dans son appartement des articles remontant jusqu'à une vingtaine d'années relatant tous des histoires de viol. Elle avait programmé négativement son esprit et fait l'expérience de ce qu'elle redoutait le plus.

La peur équivaut à une foi inversée, car il s'agit d'une foi placée au mauvais endroit. Par exemple, un politicien déclara un jour à des journalistes : « Je vis dans la peur constante d'être assassiné. » Il ne connaissait pas les lois de l'esprit. Peut-être ne savait-il pas qu'il avait le pouvoir de supprimer sa peur. *Je ne crains aucun mal, car tu es avec moi : Ta houlette et ton bâton me rassurent. Un être avec Dieu se trouve dans la majorité. Si Dieu est avec moi, qui peut être contre moi ? Tu es mon asile. Tu m'entoures de chants de délivrance.*

Ce politicien aurait plutôt dû affirmer : « Je suis à l'abri. Le cercle sacré de l'amour éternel de Dieu m'entoure. La cuirasse de Dieu me protège. Où que j'aille, la lumière de Dieu m'enveloppe et me protège. » De cette façon, il se serait rendu invulnérable, invincible et imperméable au mal. Voilà la bonne façon de programmer votre subconscient. *Car il est comme les pensées de son âme* [ou subconscient].

Ce que vous inscrivez dans votre subconscient se voit exprimé dans votre vie. Rappelez-vous que lorsqu'il est question de votre subconscient, c'est au pouvoir du Tout-Puissant que vous avez affaire. C'est le Pouvoir qui donne leur mouvement au monde et aux galaxies de l'espace. Rien ne peut s'opposer à Lui. Si vous entretenez des pensées de pauvreté, vous serez pauvre. Si vous pensez « prospérité », vous serez prospère. C'est vous qui choisissez et qui façonnez votre destin. Votre foi devrait donc être placée dans la bonté et le soutien de Dieu ainsi que dans la beauté et la gloire de l'Infini.

J'ai eu l'occasion de travailler avec un homme qui a réussi à s'affranchir de ses croyances de manque et de limitation. Au départ, il m'avait confié qu'il souhaitait réussir et progresser, mais en réalité, ses propos ne se révélaient pas en accord avec ses pensées, car son subconscient se voyait conditionné pour l'échec. Il souffrait d'un sentiment de culpabilité et éprouvait la sensation qu'il lui fallait être puni. Certes, il travaillait sur le contenu de sa conscience, mais son esprit profond se trouvait programmé pour la défaite. Inconsciemment, il se dévalorisait et entretenait des croyances qui l'incitaient à échouer.

Lorsque cet homme réalisa qu'il se punissait lui-même, il commença à modifier ses croyances. Il se mit à réciter matin et soir la prière suivante : « Je suis né pour gagner et pour réussir ma vie de prière, mes relations avec les gens, le travail que j'ai choisi et toutes les étapes de mon existence. L'Infini réside en moi et Il ne se dérobe jamais. Je suis animé par le pouvoir et la sagesse du Tout-Puissant. La réussite m'appartient. L'harmonie m'appartient. La richesse m'appartient. La beauté m'appartient. L'amour divin m'appartient. L'abondance m'appartient. »

Il répéta ces vérités et médita sur leur signification. Il les gardait à l'esprit quand il se trouvait sur la route ou lorsqu'il allait voir un client. Il affirmait régulièrement et systématiquement ces vérités, ne les reniant jamais. Ainsi, il se mit à prospérer, car il avait réussi à en imprégner son subconscient.

Si vous semez dans votre esprit des pensées de vie aussi régulièrement et systématiquement que cet homme, vous attirerez également des merveilles dans votre existence, car le Pouvoir infini habite en chacun de nous. Cette Source toute-puissante ne connaît pas l'échec et rien ne peut s'opposer à elle ou la contrecarrer.

Comme le dit la Bible, *Je mettrai mes lois dans leur esprit, je les écrirai dans leur cœur, et je serai leur Dieu, et ils seront mon peuple.* Tous les pouvoirs de Dieu sont en vous; Ses lois et Ses vérités se voient inscrites dans votre esprit subjectif. Cette Intelligence gouverne tous les organes vitaux de votre corps ainsi que votre respiration, votre circulation sanguine, votre digestion et les battements de votre cœur – sans effort conscient de votre part. Quand vous êtes né, vous n'avez eu besoin de personne pour trouver le sein de votre mère. Une sagesse subjective vous guidait.

Les grandes vérités éternelles se trouvaient inscrites dans notre cœur avant notre naissance, mais nous sommes nombreux à avoir été programmés négativement depuis. Des millions de personnes ont été conditionnées pour entretenir des peurs, des croyances erronées, des inhibitions, des restrictions et des superstitions. Comme l'a affirmé Phineas Parkhurst Quimby, l'un des pionniers du mouvement de la Nouvelle Pensée : « Chaque enfant s'apparente à un petit bloc-notes vierge sur lequel tout le monde, notamment sa grand-mère, son grand-père, sa mère, son père ainsi que ses frères et sœurs, vient inscrire ses pensées. »

De nombreux individus ont entendu dire qu'ils étaient des pécheurs entre les mains d'un Dieu en colère. J'ai rencontré de belles femmes intelligentes qui avaient été programmées pour croire que le maquillage et les vêtements voyants représentaient des péchés. On leur avait pareillement inculqué que la danse, les jeux de cartes et les films constituaient des œuvres du mal. Ces femmes sont frustrées, emprisonnées, inhibées et malheureuses. Je les encourage à se réveiller et je leur dis : « Il n'y a aucun mal à danser, à jouer aux cartes ou à s'adonner à toute autre activité similaire. Rien n'est bien ou mal, si ce n'est ce que notre pensée en fait. N'ayez pas peur d'apprendre à danser, car l'Univers incarne la piste de danse du Seigneur. Prenez des leçons de golf, jouez de la musique et faites tout ce qui vous faisait peur jusqu'à maintenant. Effectuez des études, assistez à des conférences et rencontrez des hommes. Prenez des cours d'espagnol et de tout ce qui vous intéresse. Apprenez un métier et gagnez de l'argent. Vous êtes sur Terre pour mener une vie remplie et heureuse. Vous êtes ici pour vivre dans la joie et la créativité, de même que pour vous exprimer. Et bien entendu, vous êtes également ici pour méditer et pour prier. »

Puis je leur explique qu'elles sont frustrées, malades et malheureuses parce que leurs désirs naturels se trouvent bloqués. Je leur dis : « On vous a fait un lavage de cerveau. Vous avez subi une programmation négative et destructrice. Dieu veut pour vous plus de joie, de bonheur, d'amour et de paix d'esprit. » Toutes les femmes veulent être aimées, choyées et appréciées. Elles aiment recevoir de l'attention, se sentir utiles et désirées. Si elles affirment le contraire, c'est qu'elles ont un problème.

Ces femmes ont compris le pouvoir du subconscient et la loi d'attraction. Certaines assistent maintenant à des pièces de théâtre dans de superbes tenues. Elles portent des bagues magnifiques – parfois des alliances. Elles se sont transformées et ont reprogrammé leur esprit pour accepter une joie et un amour plus grands.

Quand j'étais jeune, on m'a dit que si un enfant se voyait exposé à une croyance religieuse avant l'âge de sept ans, il la conserverait toute sa vie. Bien sûr, une croyance *peut* changer, mais le processus s'avère assez difficile puisqu'un enfant se révèle plus influençable et réceptif. Souvent, nous n'avons pas le réflexe de rejeter les suggestions négatives. Nous acceptons beaucoup de croyances et de concepts erronés par rapport à Dieu, à la vie et à l'Univers. Par exemple, certaines personnes sont convaincues que chaque année, elles attrapent la grippe au mois de novembre à cause du climat, du changement de saison et ainsi de suite. Évidemment, comme elles ont programmé leur esprit pour attraper cette maladie et qu'elles s'attendent à l'avoir chaque année, c'est ainsi que les choses se passent. Une personne qui croit en cette « saison de la grippe » tombera régulièrement malade en novembre. Pourtant, les membres de sa famille, qui vivent sous le même toit et mangent la même nourriture, n'attraperont pas la grippe. Dans le même ordre d'idées, certains pensent que l'air nocturne s'avère propice aux rhumes, et que si une personne éternue dans leur bureau, elles hériteront de leurs germes – et il leur sera fait selon leur foi. Leurs collègues de bureau qui se verront exposés aux mêmes germes y demeureront pourtant imperméables.

Tout est une question de croyance et de conditionnement. Si une personne éternue dans votre bureau, cela ne signifie pas pour autant que vous attraperez son rhume ou que vous allez être attaqué par ses microbes. Mais si vous avez créé dans votre esprit la conviction que les éternuements propagent les germes, vous attraperez froid. Par conséquent, il est préférable que vous arrêtiez d'établir des lois qui vous nuisent.

Le pouvoir de la suggestion peut aussi bien produire des résultats négatifs que positifs. Le docteur David Seabury me raconta l'histoire d'un homme qui avait perdu l'usage de ses jambes. Celui-ci n'avait pas fait d'études, mais le docteur Seabury décida de tester le pouvoir de suggestion en indiquant à cet homme : « Vous êtes destiné à devenir un grand évangéliste. Dieu souhaite que vous alliez de l'avant et que vous prêchiez de merveilleux sermons. » Cet homme commença par s'investir dans son église locale et il devint avec le temps un pasteur remarquable. Il avait accepté de croire que Dieu l'avait choisi, et il lui a été fait selon sa foi. C'est aussi simple que ça.

Comment programmez-vous votre subconscient ? Si vous croyez en un Dieu d'amour et si vous jurez d'être fidèle et dévoué à l'Esprit vivant, vous mènerez une vie merveilleuse. Si vous vous concentrez sur le négatif et sur les problèmes, votre vie ne pourra qu'être difficile. L'alcoolique, par exemple, a passé son temps à nourrir son esprit de pensées de faiblesse, d'infériorité et de rejet. En continuant à s'abreuver de ces suggestions négatives et à se servir de l'alcool pour se donner du courage, il renie le Divin et le pouvoir du Tout-Puissant en lui. Au bout d'un moment, à force de répéter ces suggestions négatives, il se prive son libre arbitre et devient un alcoolique compulsif. Alors qu'auparavant, il pouvait affirmer : « Je prendrai juste un verre ou deux », il ne possède plus ce pouvoir maintenant. Il a rejeté la Présence et le Pouvoir uniques et il a imprégné son esprit profond de ces suggestions négatives par le biais de la répétition. Il peut modifier son mode de pensée, mais il lui faudra faire des efforts en ce sens.

Examinons à présent le cas de Sally, laquelle a perdu son emploi à cause de l'alcool. Ce n'est pas facile pour elle de se libérer de sa dépendance. Il s'avère nécessaire pour elle de vouloir véritablement s'en débarrasser et de prendre clairement la décision de le faire. Quand son désir d'arrêter la boisson se révélera plus fort que son envie de continuer, elle sera guérie à 75 %. Par la suite, elle se verra soutenue par le pouvoir du Tout-Puissant qui agira en son nom. Lorsqu'elle prend la décision de cesser de boire, elle affirme que la sobriété et la paix d'esprit lui appartiennent en disant : « Je le décrète, je le pense et je suis absolument sincère. C'est irrévocable. » Puis, elle s'imagine en train d'effectuer quelque chose qu'elle aime. Par exemple, si elle est avocate, elle se voit plaider dans un tribunal ou étudier une affaire derrière un bureau en acajou. Son apparence se veut impeccable et elle est très bien habillée. Elle s'adresse au juge et elle accomplit sa tâche.

Quand elle ressent l'envie de boire, elle visionne dans son esprit le film de la vie réussie qu'elle mènerait en l'absence d'alcool, et le pouvoir du Tout-Puissant vient lui porter secours. À mesure qu'elle continue de penser à la liberté, à la paix d'esprit et à la sobriété, elle commence à ressentir de la joie et de l'émerveillement. Ses pensées s'ancrent dans son subconscient et commencent à se réaliser. Elle programme son subconscient pour la santé et la sobriété. Le pouvoir du Tout-Puissant la libèrera de son besoin d'alcool. Elle doit également savoir se pardonner d'avoir entretenu des pensées négatives par le passé.

Nous sommes sur Terre pour grandir, pour apprendre et pour libérer la splendeur qui se trouve emprisonnée en nous. La joie s'apprend. Quand nous sommes nés, toutes nos facultés n'étaient pas développées et nous sommes ici pour affûter nos outils intellectuels et spirituels. Nous possédons la liberté d'apprendre, de choisir et de surmonter. C'est ainsi, et pas autrement, que nous découvrons le Divin qui réside en nous. Vous n'êtes pas obligé d'être bon. Vous n'êtes pas un animal dominé par son instinct. Par conséquent, vous pouvez *choisir* de devenir un être béni.

J'ouvre devant vous une porte que personne ne peut fermer. Pensez à ce qui est vrai, aimable, noble et divin. Songez-y toute la journée pour reconditionner votre esprit. Imaginez-vous en train d'accomplir quelque chose que vous aimez et votre vision se concrétisera. En continuant à vous concentrer sur ce qui est bon et merveilleux, votre esprit profond vous répondra et vous ressentirez le besoin d'avancer vers la lumière, car c'est le Pouvoir tout-puissant qui agira en votre nom.

Lorsque vous êtes sur la route ou que vous effectuez l'une de vos tâches quotidiennes, répétez en vous-même :

> *Il n'existe qu'un Pouvoir, une Présence, une Cause. Il s'agit de l'amour illimité, de l'intelligence infinie et de l'harmonie absolue qui agissent en moi, à travers moi et autour de moi. Je ne crains aucun mal, car Tu es avec moi. Ta houlette et ton bâton me rassurent. Le Seigneur est ma lumière et mon salut; de qui aurais-je crainte? Le Seigneur est le soutien de ma vie; de qui aurais-je peur?*

Continuez à répéter ces vérités matin, midi et soir, et elles finiront par imprégner votre subconscient. De celui-ci naîtra tout ce qu'il aura précédemment absorbé, alors, assurez-vous de le nourrir de pensées et d'idées divines.

Certains programment leur subconscient dans le but de recevoir le soutien et la sagesse. Ils ont répété à maintes reprises : « L'Intelligence infinie me guide. Ce que je fais est juste. L'action juste m'appartient. » Matin, midi et soir, ils affirment ces vérités et activent ainsi le principe de l'action juste et du soutien d'un point de vue universel ou infini. Nombre d'entre eux ont transformé tout ce qu'ils ont touché en or et ont créé une grande prospérité dans leur vie.

Certains portent une amulette comme une croix, une médaille ou un autre symbole religieux afin de se rappeler de penser à Dieu en permanence. Cela dit, vous n'avez pas besoin d'un talisman. L'important consiste à transporter la vérité de Dieu dans votre âme. C'est de cette manière que vous serez en communion avec Dieu et que vous pourrez communiquer directement avec Lui. Souvenez-vous de la phrase suivante : *Mon Dieu pourvoira à tous mes besoins selon Sa richesse, avec gloire. C'est dans le calme et la confiance que sera ma force.*

Vous devez manger la pomme avant de la digérer. De la même façon, vous devez absorber ces vérités. En vous tournant régulièrement vers l'intérieur pour vous remémorer ces vérités, vous finirez par vous convaincre qu'il n'existe qu'un Pouvoir unique. Vous saurez avec certitude que le « JE SUIS » en vous constitue le seul Dieu qui soit. Il possède la toute-puissance et la sagesse infinie. Voici quelques vérités formidables :

> *Dieu nous donne avec abondance toutes choses pour que nous en jouissions. À Dieu, tout est possible. Avant qu'ils m'invoquent, je répondrai. Avant qu'ils aient cessé de parler, j'exaucerai. Qu'il vous soit fait selon votre foi. Tout est possible à celui qui croit. Il m'invoquera, et je lui répondrai ; je serai avec lui dans la détresse, je le délivrerai et je le glorifierai. Je le rassasierai de longs jours et je lui ferai voir mon salut. Toutes choses sont prêtes si notre esprit l'est aussi. Le Seigneur est ma lumière et mon salut ; de qui aurais-je crainte ? Le Seigneur est le soutien de ma vie ; de qui aurais-je peur ? Demandez, et l'on vous donnera ; cherchez, et vous trouverez ; frappez, et l'on vous ouvrira.*

L'Intelligence infinie de votre subconscient répond directement à vos pensées conscientes. Si vous demandez du pain, vous ne recevrez pas une pierre. Vous devez demander en sachant que vous recevrez. Vous devez atteindre dans votre esprit un point d'acceptation, un état d'entente parfaite. Votre méditation doit être accompagnée d'un sentiment de joie et de sérénité face à l'accomplissement certain de votre désir. Par exemple, l'architecte visualise le type de bâtiment qu'il souhaite construire. Il le voit terminé et il couche ses idées sur le papier. Son imagination et son processus de pensée constituent une sorte de moule d'où pourra émerger sa construction, peu importe qu'elle soit belle ou laide. L'entrepreneur et les ouvriers travailleront ensuite avec les matériaux à la construction du bâtiment, lequel se conformera parfaitement aux schémas mentaux de l'architecte.

Vous aussi pouvez utiliser cette technique de visualisation. Si l'un de vos proches est malade, commencez par apaiser votre esprit, puis imaginez-le en bonne santé. Entendez-le vous dire que le miracle de Dieu s'est produit et qu'il ne s'est jamais senti aussi bien de toute sa vie. Imaginez la lueur dans son regard et visualisez son sourire. Ne l'imaginez pas à l'hôpital, mais chez lui en train d'effectuer ce qu'il aime — heureux et libéré. Cette image, que vous construisez dans votre esprit, représente votre prière. Progressivement, les images de votre proche en bonne santé s'enfonceront dans votre esprit profond et feront des merveilles.

Affirmez avec courage :

Je réalise que mes voies sont celles de Dieu et que toutes les voies de Dieu se font dans la joie et dans la paix. Je m'en remets à Dieu et je sais que le Pouvoir tout-puissant me guide. Le Saint-Esprit me précède pour que mon chemin se fasse sans encombre, dans la joie et la gloire. À partir de maintenant, mon chemin se veut la route royale des Anciens. C'est le chemin du milieu de Bouddha. C'est la porte droite et étroite de Jésus. Le chemin vers La Mecque. Ma route est celle du Roi, car je règne sur mes pensées, sentiments et émotions. Ces pensées sont des messagers de l'amour, de la paix, de la lumière et de la beauté qui m'accompagnent aujourd'hui et à chaque jour. Quand je suis au volant de ma voiture ou que je voyage dans un train, un bus ou un avion, je réalise que l'amour de Dieu m'entoure à chaque instant. Je suis protégé par la cuirasse invisible de Dieu et je voyage d'un point à l'autre dans la liberté, la gaieté et l'amour. L'Amour divin emplit mon âme et la Paix divine règne sur mon esprit. Dieu me guide et Sa lumière éclaire mon chemin. Je sais qu'il existe une loi parfaite de l'offre et de la demande et que je suis instantanément mis en contact avec ce dont j'ai besoin.

En résumé

Pour comprendre comment vous créez de la richesse grâce au pouvoir de votre subconscient, il s'avère important de connaître les rouages de ce phénomène. Le subconscient réagit à vos pensées habituelles. Nous récoltons ce que nous semons. Ce que nous inscrivons dans notre subconscient se voit concrétisé. Si nous entretenons des pensées de pauvreté, nous serons pauvres. Si nous pensons « prospérité », nous serons prospères. Par conséquent, nous devons nourrir notre subconscient de pensées de vie.

Nous sommes nombreux à avoir subi un conditionnement négatif quand nous étions jeunes et influençables. Nous devons prendre des mesures pour transformer ces suggestions erronées en pensées positives. Il existe une bonne façon de programmer le subconscient. Tous les matins, vous pouvez affirmer, dans le calme et la détente :

La Loi et l'Ordre divins gouvernent ma vie. L'Action juste divine règne en maître suprême. La Réussite et l'Harmonie divines m'appartiennent. La Paix divine emplit mon âme. L'Amour divin imprègne mon être tout entier et m'accompagne, aujourd'hui et à chaque jour, pour que mon chemin se fasse sans encombre dans la joie et dans la gloire.

Chapitre quatre

Le merveilleux pouvoir de décision

TOUTES LES PERSONNES QUI CONNAISSENT la réussite ont en commun leur capacité à prendre des décisions rapides et à aller jusqu'au bout. Un industriel réputé me confia un jour que ses cinquante années d'expérience dans les domaines commercial et industriel lui avaient appris une chose importante : toutes les personnes qui s'en sortaient mal ne savaient pas prendre des décisions. Elles avaient tendance à hésiter et à retarder l'échéance. Et lorsqu'elles finissaient par effectuer leur choix, elles n'arrivaient pas à s'y tenir.

J'ai reçu une lettre d'un jeune membre de ma congrégation qui illustre bien ce pouvoir de décision. En effet, il m'y raconte qu'il avait pris une décision il y a quelque temps tout en sachant que le Pouvoir tout-puissant lui apporterait son soutien. Il désirait avoir une voiture – une Volkswagen –, et voici ce qu'il m'écrivit :

> J'avais pris la décision d'acheter une voiture. Je ne disposais pas de la somme nécessaire, mais j'avais foi en mon esprit profond. J'ai donc libéré mon esprit de ce problème en sachant que mon subconscient avait la réponse. Quelques jours plus tard, un de mes amis m'a proposé d'aller à une fête foraine, et j'ai décidé que nous irions le dimanche. Ce jour-là, on pouvait se mériter une voiture et j'avais une chance sur 35 000 de gagner. Mon nom a été tiré et j'ai obtenu la voiture de mes rêves : une Volkswagen. Je sais que ma confiance et ma foi dans mon esprit profond m'ont permis de régler le problème de la voiture, car une voiture est une idée.

> Je continue à appliquer les vérités de l'Infini et je vis dans une complète harmonie. J'aimerais vous remercier de m'avoir ouvert les yeux sur le Pouvoir suprême. Tous les dimanches, vos sermons m'aident à obtenir ce dont j'ai besoin pour que ma semaine se passe bien. Vos pensées et vos paroles nous permettent, à ma famille et à moi-même, de mener une vie meilleure.

Je connais une jeune femme qui a compris qu'il n'était jamais trop tard pour commencer à prendre des décisions et mener une vie épanouissante. Quand je l'ai rencontrée pour la première fois, elle m'avait confié qu'elle se sentait isolée, désemparée et frustrée parce qu'elle n'arrivait pas à déterminer si elle devait se marier ou non. Pouvez-vous imaginer une telle chose ? Sa mère voulait contrôler sa vie et trouvait à redire de tous les hommes qui intéressaient sa fille. Cette jeune femme avait totalement perdu son pouvoir de décision et d'initiative, et elle se sentait seule et triste. Elle s'était elle-même asservie à sa mère.

Sur mes conseils, elle se mit à exercer son pouvoir de décision petit à petit, là où sa mère avait toujours choisi pour elle. Ainsi, elle choisit d'acheter elle-même ses vêtements et de se louer un appartement — en le décorant à sa façon — sans demander l'avis de personne. Elle décida également de se mettre à la danse, à la natation et au golf. Progressivement, elle acquit l'habitude d'effectuer ses propres choix, optant même pour se marier avec un homme merveilleux sans consulter sa mère ou qui que ce soit d'autre, écoutant uniquement son cœur.

Il ne s'avère jamais trop tard pour ramener de l'ordre dans un esprit ou dans une situation déséquilibrée, en prenant des décisions logiques et en s'y conformant. J'eus l'occasion d'aider une autre jeune femme qui réussit à transformer sa vie grâce à son pouvoir de décision. Betty L. avait 26 ans et vivait chez ses parents. Pourtant, elle détenait un bon travail qui lui aurait permis de subvenir à ses besoins. Elle me confia : « Je suis vraiment malheureuse. J'aimerais prendre un appartement, mais mes parents n'acceptent pas. Ils ne me laissent même pas redécorer ma chambre toute seule. Ma famille tout entière pense que j'ai tort de vouloir faire ça. Je suis vraiment déconcertée. Dieu ne veut-Il pas mon bonheur ? »

Je lui mentionnai que le simple fait de ne pas prendre de décision équivalait à une décision en soi. J'ajoutai qu'elle avait été elle aussi bénie d'un esprit qui lui appartenait et que c'était à elle de décider d'être indépendante, heureuse et prospère.

Il ne lui fallut pas longtemps pour déterminer ce qu'elle voulait. Elle se lança, et un monde nouveau s'ouvrit à elle. Quelques mois plus tard, elle m'écrivit pour m'informer que même si sa famille avait réagi avec colère, le temps lui avait permis d'accepter la nouvelle indépendance de Betty. « Pour la première fois de ma vie, je suis enthousiaste et heureuse. J'ai du mal à le réaliser », me confia-t-elle.

La lettre que vous allez lire maintenant illustre la confiance d'une femme dans sa capacité à prendre des décisions éclairées et à s'y tenir, grâce à la certitude que son esprit et l'Esprit infini ne font qu'un — car il n'y a qu'un esprit pour tous les êtres. Voici ce que cette femme m'envoya :

> Il y a quelques années, j'ai eu un grave accident de voiture. Mon médecin m'a confié qu'il n'avait jamais vu personne avec autant de cassures dans la nuque et le dos, et il doutait même que je réussisse à survivre à ces blessures. Toutefois, j'ai décidé de vivre et d'être guérie par le Pouvoir de l'Infini. Je savais que le pouvoir du Divin réagirait à ma décision, car je vous avais entendu dire à plusieurs reprises que « Il vous est fait selon votre foi. » J'ai demandé à être aidée par un ministère de prière et j'ai commencé à affirmer, sur une base régulière, que la Présence curative infinie me rendait une santé parfaite. S'en est suivi une guérison merveilleuse. On m'avait indiqué qu'il me faudrait porter un corset autour de la nuque et du torse pendant plusieurs mois, et peut-être même durant une année entière. Je ne l'ai porté que quelques semaines, et aujourd'hui, ma nuque et mon dos vont très bien. Mon cœur se trouve empli de gratitude. Je sais qu'il nous est

fait selon notre décision. J'ai décidé d'être guérie et la Présence curative infinie m'a répondu en conséquence.

Le pouvoir de décision se révèle aussi important dans nos affaires que dans notre guérison. Je connais un pharmacien réputé qui a élaboré une technique formidable dans le but de prendre de bonnes décisions et de recevoir les réponses à ses questions, et ce en utilisant le Pouvoir infini qui habite en lui. Un jour, alors que je discutais avec lui, il me confia que dans son travail, il s'avérait souvent difficile d'effectuer des choix, mais qu'il avait appris à maîtriser ce qui lui semblait être la méthode idéale pour prendre la bonne décision et pour faire ce qu'il fallait. Il affirmait : « Je concentre mon attention sur le fait que Dieu, ou l'Intelligence infinie, réside en moi, puis je tourne toutes mes pensées vers la Présence infinie qui m'habite. J'imagine que l'Infini me répond. Je me détends et me relâche complètement, et je sens que je suis entouré par l'amour et par la lumière de l'Infini. Je sens que je suis imprégné de la sérénité de Dieu. La bonne réponse surgit alors dans mon esprit, claire comme de l'eau de roche. »

Lorsque vous ne savez pas que dire, que faire ou quelle décision prendre, retrouvez-vous dans le calme et affirmez :

Tout ce que j'ai besoin de savoir vient à moi au travers de la Présence infinie qui m'habite. L'Intelligence infinie agit à travers moi et me révèle ce que je dois savoir. J'irradie l'amour, la paix et la bienveillance en pensée, en parole et en action pour le bénéfice de l'humanité entière. Je sais que ce que je donne m'est rendu au centuple. Dieu, qui est en moi, connaît la réponse. La réponse parfaite m'est donnée, car Dieu est l'éternel maintenant. Le jour du salut est maintenant ; le jour est venu. La Sagesse divine prend toutes les décisions à travers moi, et il n'existe qu'une action juste et une bonne décision dans ma vie. Je m'enveloppe de la protection de cet Océan d'amour infini et je sais que la bonne décision divine m'appartient maintenant. Je suis en paix. Je marche dans la lumière, empli de foi et de confiance, et je me fie au seul Pouvoir qui existe.

Je reconnais le message qui m'apparaît dans mon esprit conscient et raisonné. Il m'est impossible de le manquer. Dieu s'adresse à moi dans la paix et non dans la confusion. Merci, mon Père, pour la réponse que tu me donnes maintenant.

J'ai suggéré cette merveilleuse prière à des milliers de personnes qui souhaitaient être guidées afin de prendre de bonnes décisions. Elles obtinrent des résultats formidables et furent bénies dans tous leurs choix. Récitez-la lentement, calmement, avec respect et conviction. Répétez-la trois fois par jour dans un état de sérénité et vous recevrez l'élan divin. Alors, vous saurez au plus profond de votre âme. La réponse pourra vous être donnée sous la forme d'une certitude, d'une intuition ou d'une idée qui surgira spontanément dans votre esprit. Vous reconnaîtrez intuitivement la bonne réponse et la bonne décision à prendre. Priez en sachant qu'une Intelligence infinie vous répondra. *Quand vous L'invoquez, Il vous répond. Demandez, et vous recevrez. Cherchez, et vous trouverez. Frappez, et l'on vous ouvrira. Si vous demandez du pain, on ne vous donnera pas une pierre.*

Les décisions logiques reposent toujours sur cette Sagesse infinie qui dirige le cours des planètes et fait briller le Soleil. J'ai travaillé avec une jeune femme qui s'était mise à s'approvisionner à la source de la Sagesse infinie dans le but de se lancer dans une nouvelle carrière. Cette personne, à l'emploi d'un grand magasin, s'intéressait depuis plusieurs années au marché des actions et elle se montrait très douée pour effectuer de bons investissements. Elle prit donc des cours du soir pour obtenir un diplôme qui lui permettrait d'œuvrer dans une maison de courtage. Toutefois, malgré les nombreux entretiens d'embauche auxquels elle se rendait, elle ne parvenait pas à décrocher de boulot dans son domaine, ce qu'elle attribuait au fait qu'elle était une femme. « Ils ne veulent pas de femmes, c'est tout », me dit-elle.

Je lui suggérai donc de prendre une décision et d'affirmer avec fermeté : « Je suis maintenant embauchée dans une maison de courtage où je suis très bien payée. » Je lui expliquai que dès l'instant où elle effectuait une décision dans son esprit et choisissait de s'y tenir, son subconscient lui répondait et lui montrait le chemin en lui révélant le plan parfait pour la réalisation de son idéal. Je lui conseillai également de suivre la piste qui lui serait proposée par l'intermédiaire de son esprit conscient et raisonné.

Ce qui se passa par la suite s'avère bien sûr très intéressant. Cette femme ressentit un besoin pressant de mettre une annonce dans le journal local afin d'offrir gratuitement ses services pendant deux mois en mentionnant que plusieurs de ses amis pourraient se révéler des clients potentiels. Elle reçut immédiatement une réponse de trois maisons de courtage et accepta avec joie de travailler pour l'une d'entre elles. Cette anecdote prouve bien que vous devez avoir foi dans votre pouvoir décisionnel. Lorsque vous prenez une décision nette en vous fiant à la puissance de votre subconscient, votre vie devient merveilleuse et vous en supprimez les frustrations.

Les gens qui ont peur de prendre des décisions refusent de reconnaître leur propre divinité, car il est de votre droit divin de faire des choix. Acceptez votre part de divinité et votre devoir de prendre des décisions pour vous-même. Vous pouvez décider d'être en bonne santé, heureux et prospère parce que vous régnez sur votre monde. Votre subconscient se trouve soumis à ce que votre conscience décrète, et tout ce que vous décrétez dans votre conscience se verra concrétisé. Ce que vous semez dans votre subconscient sera récolté sur l'écran de l'espace sous la forme d'une expérience ou de conditions. Par conséquent, il s'avère préférable d'opter pour des pensées aimables, pures, justes et vraies.

La loi de votre subconscient se veut aussi pertinente que n'importe quelle loi de la nature. Vous vous brûlez la main si vous la posez sur la plaque chaude d'un four. Si vous sautez du haut d'un immeuble, la loi de la gravité vous attirera vers une mort certaine. De la même façon, si vous entretenez des pensées de manque et de limitation, vous créez plus de souffrance dans votre vie, mais si vous vous concentrez pour attirer la richesse et les occasions intéressantes, vous mènerez une vie de prospérité. Il est absurde de vouloir contrecarrer les lois de la nature, puisqu'elles sont immuables.

Selon la loi du subconscient, si vous ne prenez pas une décision claire, vous décidez par défaut d'accepter tout ce qui provient de l'esprit de masse dans lequel nous baignons tous – et il s'agit d'un esprit très négatif animé par la peur, la haine et la jalousie. L'esprit de masse croit aux tragédies et aux malheurs de toutes sortes. Par conséquent, il se révèle illogique et imprudent d'être indécis. Si vous refusez de prendre une décision, vous laissez les conditions extérieures – ou votre belle-mère, votre petit ami – le faire pour vous.

Vous êtes un individu avec une capacité de décision et vous vous trouvez ici pour choisir – pour façonner votre destin. Le Pouvoir infini soutient toutes vos décisions. Lorsque vous laissez quelqu'un décider à votre place, vous vous privez vous-même d'une occasion de faire preuve d'initiative et de vivre une autre expérience. Il est erroné de dire « Je laisse Dieu décider pour moi. » Une telle affirmation implique l'existence d'un Dieu en dehors de vous, perché quelque part dans le ciel. La seule façon que Dieu, ou le Pouvoir infini, travaillera pour vous sera *à travers vous* – à travers votre pensée, votre imagination et votre prise de décision. La Présence de Dieu habite les profondeurs de votre subconscient et vous êtes ici pour vous en servir.

Apprenez à prendre des décisions. Commencez dès maintenant. Lorsqu'un enfant a sept ou huit ans, il devrait se mettre à apprendre ce qu'est la prise de décision dans une certaine mesure – sous supervision évidemment. Et une fois arrivés à l'âge adulte, nous devrions tous savoir effectuer nos choix, quitter le foyer de nos parents, louer un appartement, nous retrousser les manches et nous mettre au travail. Apprenez à exercer votre esprit d'initiative.

Si vous devez prendre une décision, affirmez en vous-même : « Je crois en mon pouvoir, en ma capacité et à l'intégrité de mes mécanismes spirituels et intellectuels. Je sais que je désire faire ce qui est bon. La Sagesse infinie prend toutes les décisions à travers moi et me mène vers l'action juste et l'issue bénéfique. »

Il s'avère possible de renverser même la plus destructrice des décisions. Par exemple, un alcoolique me confia un jour qu'il ne réussissait pas à cesser de boire. Il me dit : « Je dois boire. Je ne peux pas m'arrêter. C'est compulsif. » Je lui expliquai que tout le pouvoir de l'Infini appuyait sa décision de boire, mais qu'il pouvait en décider autrement. Sur mon conseil, il commença à répéter les phrases suivantes pendant dix minutes : « Je suis parvenu à une décision catégorique dans mon esprit, et ma décision est que je suis affranchi de la malédiction de l'alcoolisme. Grâce au Pouvoir infini qui appuie ma décision, je suis complètement libéré. Je bénéficie de la paix d'esprit et de la sobriété, et je remercie l'Infini maintenant. »

Cet homme n'a plus touché une bouteille d'alcool depuis plus de cinq ans et s'est complètement libéré de cette dépendance. Il est devenu un autre homme. Il a pris cette décision avec conviction. Le pouvoir ne se trouvait pas dans la bouteille mais bien en lui. Le Pouvoir de l'Infini appuie également toutes vos décisions. *Choisissez aujourd'hui qui vous voulez servir.*

Il existe un seul Pouvoir – l'Intelligence infinie qui peut faire la lumière sur n'importe quel problème. Tout ce que vous avez à faire consiste à prendre une décision nette dans votre esprit. Vous créez l'obscurité lorsque vous affirmez : « Je suis coincé. Je suis bloqué. Je suis dans une impasse. » C'est une mauvaise décision. L'Infini connaît le chemin. En décrétant que votre situation s'avère désespérée, vous affirmez à tort que l'Intelligence infinie ne connaît pas la solution – et il vous est fait selon votre foi. Vous vivrez dans l'obscurité et la confusion créées par votre ignorance de la loi et par votre incapacité à prendre la bonne décision.

L'année dernière, j'eus l'occasion d'aider un homme qui parvint à vaincre l'obscurité qui régnait dans son esprit. Peu de temps avant notre rencontre, il avait fait faillite et il souffrait depuis de problèmes d'ulcères et d'hypertension. Comme il le disait lui-même, il se trouvait dans un piteux état. Il pensait qu'il était maudit et que Dieu le punissait pour ses péchés. Toutefois, il ne s'agissait que de croyances erronées.

Je lui expliquai que tant qu'il considérerait être victime du « mauvais œil », il continuerait à souffrir – pour la simple raison que nos croyances se manifestent sous la forme d'expériences, de conditions et d'événements. J'ajoutai qu'il devait parvenir à décider qu'il n'existait qu'un Pouvoir, et que celui-ci était l'harmonie, la guérison et l'amour.

Il prit donc cette décision et créa sa propre méditation :

Il n'existe qu'un Créateur, une Présence et un Pouvoir. Ce Pouvoir réside en moi par le biais de mon esprit. Cette Présence agit en moi sous la forme d'harmonie, de santé et de paix. Je pense, je parle et j'agis du point de vue de l'Intelligence infinie. Je sais que les pensées sont des choses. J'attire ce que je ressens ; je deviens ce que j'imagine. Je médite en permanence sur ces vérités. Je suis arrivé à la décision catégorique que l'Action juste divine gouverne ma vie. La Loi et l'Ordre divins règnent en maîtres suprêmes et dirigent tous les aspects de ma vie. L'Aide divine m'appartient. La Réussite divine m'appartient. La Prospérité divine m'appartient. L'Amour divin emplit mon âme. La Sagesse divine gouverne toutes mes négociations. Quand la peur ou l'inquiétude surgit dans mon esprit, j'affirme immédiatement : « Dieu me guide maintenant » ou « Dieu connaît la réponse ». J'en fais une habitude et je sais que des miracles se produisent dans ma vie.

Il récita cette prière à voix haute cinq ou six fois par jour. À la fin du mois, il avait retrouvé sa santé et il s'était vu embauché comme associé dans une entreprise en pleine expansion. Sa vie tout entière en fut transformée. Il était parvenu à la décision que le Pouvoir unique amenait dans sa vie l'harmonie, la santé et la paix, et que rien ne pouvait s'y opposer. Cette nouvelle décision lui permit de concrétiser les richesses de la vie.

Une autre personne de ma connaissance s'est également servie du pouvoir de décision pour rétablir sa situation financière. Cette dame était venue me voir dans un état de grande confusion. Elle avait investi une somme considérable dans une opération spéculative, avec la condition qu'elle paierait un montant supplémentaire à une date ultérieure. À mesure que la date d'échéance approchait, elle réalisa qu'elle ne pourrait pas rassembler l'argent et qu'elle y perdrait la totalité de son investissement. Elle avait fait tout ce qui se trouvait en son pouvoir pour s'acquitter de son obligation, mais il lui manquait toujours de l'argent. Elle était sur le point de succomber à la panique lorsqu'elle fut sauvée par sa foi en Dieu. Après avoir décidé catégoriquement qu'elle rejetterait toutes les pensées destructrices qui surgiraient dans son esprit, elle mit au point la prière suivante : « Je sais que Tu connais la réponse et que Tu me montreras le chemin. Merci de me le révéler maintenant. »

Elle me confia plus tard : « Je me suis accrochée à cette prière comme si ma vie en dépendait. Pendant des jours, je l'ai récitée en moi-même. Il m'est même arrivé de la chanter à voix haute quand j'étais seule. »

Très rapidement, elle remarqua que sa panique et son désespoir s'étaient estompés ; elle se sentait plus calme même si les circonstances extérieures n'avaient pas changé. Un jour, elle nota que sa tendance à l'inquiétude avait disparu et qu'elle se sentait plus légère. Elle savait que sa prière se voyait entendue. Un de ses associés parla de sa situation à un ami qui avait à sa disposition une importante somme d'argent à investir. Celui-ci se montra très intéressé par son opération spéculative et lui prêta l'argent dont elle avait besoin. Ce vers quoi elle tendait tendait pareillement vers elle.

Nos décisions déterminent notre sort. Imprégnez votre esprit d'idées de bien, puis observez les merveilles qui se révèlent à vous à mesure que vous priez. Dites oui à toutes les idées et vérités qui guérissent, bénissent, inspirent et élèvent votre âme. Dites non à toutes les pensées négatives, à tout ce qui fait pénétrer la peur dans votre esprit et à tout ce qui vous tire vers le bas. Rejetez toutes les suggestions qui n'ont pas pour effet d'accroître votre confiance et votre foi en vous-même.

Ne retardez pas vos prises de décision. La procrastination vous fait perdre du temps et vous pousse à la névrose, à la frustration et à la tristesse. Il s'avère largement préférable d'agir dès maintenant que de ne rien faire. En prenant une décision, vous mettez l'Esprit en mouvement afin qu'il commence à combler vos désirs. Si vous restez dans l'indécision, vous empêchez le bien de venir à vous. Il y a quelques années, j'ai discuté avec un homme dans un hôtel. Il avait 90 ans et se déplaçait avec des béquilles. Au bout d'un moment, il me confia : « Vous savez, quand j'étais plus jeune, je voulais emmener ma femme effectuer un tour du monde, mais j'ai remis à plus tard en me disant : ' Je vais attendre que notre fille grandisse et se marie. ' À présent que ma femme est morte et que je suis handicapé par mon arthrite, je ne réaliserai jamais ce rêve. »

Cet homme ne s'était pas vraiment laissé la possibilité de faire ce voyage, car il avait refusé de prendre une décision. Il avait remis son rêve à plus tard, attendant que sa fille se soit mariée, et il ne l'avait pas réalisé même par la suite — tout cela n'a aucun sens. Vos bienfaits se trouvent à votre portée dès maintenant. N'attendez pas. Lancez-vous tout de suite. Un voyage autour du monde n'a rien à voir avec le fait que votre fille se marie ou reste célibataire — vraiment rien à voir. Il s'agit d'un projet qui a à voir avec vous. Prenez une décision catégorique. Si votre motivation est bonne, votre décision l'est aussi. C'est Dieu en action, maintenant.

Tom Monaghan n'éprouvait pas de difficultés à prendre des décisions. En effet, il transforma un restaurant de pizza en une franchise internationale réputée, du nom de Domino's, sur une période d'environ 35 ans. En 1989, il avait décidé de vendre son entreprise prospère pour se concentrer sur une activité philanthropique. Cependant, lorsqu'il constata que l'acquéreur de la chaîne de restaurants était en train d'entraîner celle-ci vers la faillite, il prit la décision difficile de mettre ses activités de côté et de sauver Domino's. Il lui fallut beaucoup de travail et de détermination pour réussir à remettre l'entreprise sur pied et pour l'agrandir, mais Monaghan possédait la volonté nécessaire pour y parvenir. Sa détermination lui venait de loin, car il avait réussi à surmonter les difficultés d'une enfance de privation et de maltraitance pour devenir un grand entrepreneur. Une fois de plus, il lui fallait mobiliser toutes ses forces pour non seulement remettre Domino's dans son état d'origine, mais également pour ajouter à cette chaîne plus de 6 000 magasins.

Lorsque cette chaîne de restaurants redevint prospère, Monaghan se retrouva confronté à un autre problème, encore plus grave. En effet, l'argument principal pour attirer les clients à Domino's résidait dans la garantie d'une livraison dans un délai de 30 minutes. Pour respecter ce délai, les livreurs de Domino's devaient faire vite sur la route et leurs excès de vitesse causèrent de nombreux accidents, lesquels donnèrent lieu à des actions en justice de la part des automobilistes concernés.

Malgré cet important déboire financier, Monaghan refusa de baisser les bras. Il investit encore plus de temps, d'argent et d'énergie dans l'entreprise, réussissant une fois de plus à la remettre sur pied. Grâce à sa détermination et à son attitude positive, il parvint à aller de l'avant et inspira à son équipe cet esprit de battant qui faisait de Domino's un leader dans son domaine.

Quand vous priez pour être guidé et que vous souhaitez prendre une décision, affirmez : « L'Intelligence infinie me guide. L'action juste gouverne ma vie. Je vis, j'agis et j'ai mon être tout entier dans la Présence toute-puissante. Elle m'ouvre la porte. Je suis le chemin qui se dessine clairement devant moi. Je m'en remets à mon esprit profond et je reprends le cours de ma vie. »

La première intuition qui surgit en vous est la bonne. Elle provient de votre subconscient. Les réponses vous viennent des tréfonds de l'Esprit infini. L'âme sait. Il s'avère inutile de remettre en question cette intuition ou d'en parler avec votre entourage, car vous feriez alors naître dans votre esprit une vingtaine de nouvelles pensées.

J'eus l'occasion de rencontrer des centaines de femmes qui se retrouvaient dans des mariages malheureux à défaut d'avoir écouté leur intuition. Elles me confièrent : « Je savais, en marchant vers l'autel, que je ne me mariais pas avec la bonne personne. » Cette sensation était le moyen que le Principe de Vie avait trouvé pour les protéger. Malheureusement, elles l'avaient ignoré et leur union s'était terminée en divorce.

Lorsque vous voulez vous marier, prenez la décision d'affirmer : « L'Intelligence infinie attire à moi la bonne personne avec laquelle je suis en harmonie. Les courants profonds de mon esprit nous réunissent. » Fiez-vous à l'Intelligence infinie. Ne demandez pas à votre mère ou à votre grand-mère si vous devez vous marier avec cet homme ou cette femme, parce qu'en agissant ainsi, vous reniez votre part divine. Vous affirmez implicitement : «Je suis incapable de choisir», ce qui, bien évidemment, est faux. Choisir constitue votre prérogative.

La question du divorce se révèle aussi importante que celle du mariage. J'ai rencontré des couples qui ont préféré vivre dans la haine et le ressentiment plutôt que de divorcer. Ils prétendaient qu'ils restaient ensemble pour leurs enfants. Cependant, les enfants grandissent à l'image du climat émotionnel et mental qui règne dans leur famille. Les enfants de parents malheureux deviennent souvent des délinquants, sont tout le temps malades, et entretiennent de la rancœur, de l'hostilité et de la colère. Prenez conscience qu'il s'avère de loin préférable, honorable et divin de choisir de dissoudre un mariage plutôt que de contaminer l'esprit de ceux qui vous entourent.

Bien sûr, avant de prendre une décision, il importe de rassembler toutes les données sur le sujet qui vous concerne et de mettre votre esprit au clair. Évitez de vous laisser submerger par les émotions négatives. Un jour, j'ai discuté avec un homme qui permettait à ses émotions négatives de prendre le dessus. Rempli d'amertume et d'hostilité, il s'était mis en colère contre son patron, l'avait envoyé promener et avait quitté son travail sur un coup de tête. Il lui avait donc fallu trouver un autre boulot, et il me confia : «J'ai encore plus de problèmes avec cet emploi qu'avec le précédent.» Voyez-vous, il avait pris une décision basée sur la colère, le ressentiment et l'hostilité — c'est-à-dire sur ses émotions. Il s'était laissé submerger par ses émotions et il réalisa plus tard qu'il avait pris une mauvaise décision.

Au lieu d'agir impulsivement, prenez le temps de rassembler toutes les données sur votre situation. Réfléchissez aux différentes possibilités qui s'offrent à vous et déterminez laquelle vous semble la plus raisonnable. Pesez le pour et le contre. Inutile de vous mettre dans tous vos états. Ne perdez jamais de vue que si votre motivation s'avère positive et que vous priez pour être guidé vers l'action juste, votre décision sera la bonne.

Lorsque vous prenez une décision, demandez-vous si votre choix bénéficie également aux autres. Si vous essayez de duper quelqu'un, votre décision ne sera pas bonne – et faire du mal à son entourage revient à se nuire à soi-même. Alors, questionnez-vous afin de savoir si votre décision repose sur la Règle d'or et sur la loi de l'amour. L'amour consiste à souhaiter aux autres ce que l'on veut pour soi. Quand vous aimez une personne, vous désirez la voir devenir et exprimer tout ce qu'elle aspire à devenir et à exprimer.

N'ayez pas peur de commettre des erreurs. Tout le monde en fait. Lorsque vous étiez à l'école, n'en avez-vous pas effectué des centaines ? C'est pour cette raison que vous aviez une gomme au bout de votre crayon. Tout le monde, y compris vos parents, savait que vous alliez commettre des erreurs. Il se révèle toujours possible de « rectifier le tir ». Si vous décidez d'aller à San Francisco et que vous réalisez en cours de route que vous vous êtes trompé de chemin, vous rattrapez votre erreur en vous remettant sur la bonne voie. Vous ne vous mettez pas dans tous vos états à cause de cette erreur et vous poursuivez plutôt votre chemin. En prenant des décisions, vous profitez du plaisir de la découverte.

Les anges vous protègent et vous guident dans vos prises de décision. Les anges sont l'intelligence, la sagesse et les idées créatrices qui jaillissent en vous. Vous êtes guidé pour trouver votre place et pour bien agir, car ce qu'il y a de meilleur et de plus élevé œuvre à travers vous. Affirmez que vous êtes protégé par le Tout-Puissant : « Je dis à l'Éternel : mon refuge et ma forteresse, mon Dieu en qui je me confie. »

Le soir, au moment de vous coucher, affirmez : « L'Intelligence infinie me révèle la solution ou la bonne décision. Quand je me réveillerai, ma première pensée sera cette réponse. » Observez quelle est la première pensée qui surgit dans votre esprit le lendemain matin. Inutile de faire les cent pas en retournant la question dans votre esprit, car la réponse viendra à vous. Vous affirmez la présence de la Loi et de l'Ordre divins dans votre vie, ce qui signifie que la loi de l'harmonie, de la beauté, de l'amour, de la paix et de l'abondance – et non celle du chaos et des dogmes de l'esprit de masse – se trouve à l'œuvre dans votre subconscient. Cela veut également dire que vous exprimez ce qu'il y a de meilleur en vous. Vos talents se manifestent de merveilleuses façons. En vertu de la Loi et de l'Ordre divins, vous recevez une merveilleuse compensation. C'est lorsque vous êtes capable de faire ce que vous voulez quand vous le voulez que vous êtes réellement riche.

Il arrive que des gens me demandent : « Est-il bon que je prie pour la richesse ? Ai-je le droit de prier pour ma réussite ? Dieu ne veut peut-être pas me voir réussir. » Il s'agit là de questions absurdes qui se fondent sur une philosophie de bas étage. Et si quelqu'un me questionne : « Dieu veut-il que je chante ? », je répondrai que s'Il vous donne une voix, c'est pour que vous chantiez. Si vous possédez des dons pour le chant, lancez-vous. Dieu chantera à travers vous. Dieu constitue la seule Présence et le seul Pouvoir. Si vous désirez peindre, allez-y. Que vous ayez envie d'être vétérinaire, chimiste ou musicien, lancez-vous en suivant la voie qui vous est indiquée.

Il arrive également que l'on m'interroge : « Est-ce bien de prier pour avoir une voiture ? » Qu'est-ce qu'une voiture ? Une idée dans l'esprit de Dieu – et rien de plus. C'est l'esprit de Dieu manifesté. C'est Dieu qui vous attend devant votre porte sous la forme d'un véhicule. Ce n'est rien d'autre que Dieu – alors, oui, il est bien de prier pour avoir une voiture.

Ces questions reposent sur des superstitions, sur de l'ignorance et sur de la peur. Si vous priez pour être guidé, vous dépasserez cette ignorance de Dieu et vous comprendrez de quelle façon Il se manifeste dans le monde matériel. L'esprit de la vérité vous conduira vers toutes les vérités. Affirmez : « Dieu me guide maintenant. L'action juste règne sur moi. L'esprit de la vérité me conduit vers tout ce qu'il y a de vrai. » En répétant ces vérités, vous prenez une décision merveilleuse. Si vous priez pour la prospérité, la réussite et la victoire, prenez-en la décision catégorique dans votre esprit et affirmez : « La prospérité m'appartient maintenant. Je vais être riche. Je vais avoir toute la fortune dont j'ai besoin pour faire ce que je veux quand je le veux », et votre subconscient vous répondra.

Si vous priez pour la prospérité et la réussite en étant jaloux des autres, de leur situation ou de ce qu'ils possèdent, votre rancœur et votre jalousie empêcheront le bien de venir à vous et s'opposeront à votre croissance, et par conséquent à votre prospérité — en agissant ainsi, vous bloquez le flux de l'Océan infini et de ses richesses. Ainsi, souhaitez aux autres ce que vous souhaitez pour vous-même. Car l'amour est l'accomplissement de la loi. Affirmez : « Du plus profond de mon cœur, je souhaite à toutes les personnes du monde les richesses de l'Infini : la santé, le bonheur, la paix et tous les bienfaits de la vie. » Observez ensuite toute l'énergie et les richesses qui viennent à vous.

Si vous entretenez une mauvaise opinion de vous-même et êtes empli de regrets et de remords, vous empêchez également le bien de venir à vous. Avec cet état d'esprit, vous utilisez le pouvoir de l'Infini contre vous-même. Rappelez-vous que l'Infini et l'Absolu ne peuvent pas vous punir. C'est vous-même qui vous punissez par le biais de vos pensées négatives et destructrices, c'est-à-dire par votre mauvaise utilisation de la loi. Vous n'obtiendrez rien de bon avec cet état d'esprit. Essayez plutôt de louer Dieu et de Lui jurer fidélité et dévotion. Placez votre foi dans le Pouvoir unique qui se veut source de vie, de souffle et de toutes choses.

Vous représentez le temple du Dieu vivant et le royaume du Dieu qui réside en vous. Par conséquent, la Sagesse et le Pouvoir infinis se trouvent en vous. Si vous étiez Dieu, quelle décision prendriez-vous ? Vous effectueriez un choix basé sur l'action juste, l'harmonie, la paix, l'amour et la bienveillance, n'est-ce pas ? Vous penseriez, parleriez et agiriez du point de vue du Centre infini. Vous ne prendriez aucune décision du point de vue d'un expert en théologie ou de votre grand-mère. Vous affirmeriez : « Il existe en moi un Principe directeur et je prendrai mes décisions en fonction de ce Principe, qui correspond à la paix et à l'harmonie absolues. »

Dieu souhaite votre bonheur, et vous devriez décider de mener une vie remplie et heureuse. Dieu vous a procuré des bienfaits en abondance pour que vous en profitiez. Dieu vous a créé afin que la vie soit à vous en abondance. Vous êtes sur Terre pour glorifier

Dieu et pour profiter de Ses bienfaits pour l'éternité. Jusqu'à présent, vous n'avez rien sollicité. Commencez maintenant à demander que votre joie soit complète. En Dieu, il y a abondance de joie ; en Lui, l'obscurité n'existe pas.

Le pouvoir et la sagesse de l'Infini vous envoient en permanence des messages sur les moyens d'atteindre un plus grand bonheur et une plus grande richesse si vous le demandez en vous-même. Un des membres de ma congrégation avait récité des prières relativement à un investissement qu'il pensait faire dans le Nevada. Il affirmait : « L'Intelligence infinie me guide. Elle me révèle, ainsi qu'à ma femme, l'action juste concernant cet investissement. » Une nuit, il fit un rêve dans lequel les dirigeants de l'entreprise dans laquelle il souhaitait investir se tenaient en prison, entourés de gardes. En se réveillant, il sut qu'il avait affaire à des escrocs qui avaient purgé une peine, et qu'il y perdrait tout s'il effectuait cet investissement.

Vous devez décider qu'il existe en vous un Principe directeur et que des merveilles se présenteront dans votre vie. Lorsque vous devez prendre une décision qui vous semble difficile ou que vous ne découvrez pas la solution à votre problème, commencez par surveiller vos pensées afin qu'elles soient constructives. La peur et l'inquiétude vous empêchent de réfléchir correctement. La véritable pensée se voit exempte de peur. Apaisez votre esprit et détendez votre corps. Si vous demandez à ce dernier de se relaxer, il devra vous obéir. Votre corps ne dispose d'aucune volonté, d'aucun esprit d'initiative et d'aucune conscience. Il s'agit d'un disque émotionnel qui enregistre vos croyances et vos impressions. Concentrez vos pensées sur la solution à votre problème. Rassemblez toute l'information que vous pouvez et songez au bonheur que vous ressentiriez en présence de la solution parfaite. Quand il est temps de vous coucher, laissez-vous sombrer dans le sommeil en méditant sur cette solution. En vous réveillant, si vous n'êtes pas en possession de la réponse, pensez à autre chose. La solution viendra à vous lorsque vos pensées ne seront pas tournées vers elle.

J'ai rencontré il y a quelque temps un homme qui avait perdu une bague qui lui provenait d'un héritage. Il l'avait cherchée partout, en vain. Il décida donc de prier tous les soirs pour demander à son subconscient qu'une réponse lui soit donnée pendant son sommeil. Il affirmait : « Tu sais tout ce qu'il y a à savoir. Tu es la sagesse. Tu es omniprésent. Tu sais où se trouve cette bague. Tu me révèles maintenant son emplacement. » Un matin, il se réveilla avec la pensée : « Demande à Robert. » Robert était son fils. Cet homme interrogea donc son fils sur la bague et celui-ci lui répondit : « Oh, oui, je l'ai trouvée dans la cour un jour où j'étais en train de jouer avec mes copains. Je l'ai mise sur mon bureau. Je ne pensais pas qu'elle avait de la valeur, alors, je ne t'en ai pas parlé. »

Si vous L'invoquez, Il vous répondra. Il sera avec vous dans la détresse. Il vous protègera, puisque vous connaissez son nom. Et vous trouverez votre force dans la sérénité et la confiance.

En résumé

Le pouvoir de décision est ce qui caractérise l'être humain. Dieu vous a doté de la capacité de choisir et de prendre des initiatives. Faire des choix et effectuer des décisions représente votre droit divin. Vous pouvez décider d'être heureux, prospère et en bonne santé, car vous régnez sur votre monde. Votre subconscient se voit soumis à ce que votre conscience décrète, et ce que vous décrétez se verra concrétisé.

Lorsque vous refusez de prendre des décisions, vous rejetez implicitement votre part de divinité et vous pensez en termes de faiblesse et d'infériorité, comme le ferait un esclave ou un subalterne. Prenez des décisions et reconnaissez votre part de divinité.

Choisissez ce qui est vrai, aimable, juste, pur et honnête. Décidez d'imprégner votre esprit de ces pensées et tenez-vous-en à cette décision. Il s'avère logique pour vous de choisir de bonnes pensées, car seul le bien pourra vous arriver. Il est illogique que vous optiez pour de mauvaises pensées en vous attendant ensuite au bien, car vous récolterez à l'image de ce que vous avez semé.

Quand vous priez pour être guidé et que vous souhaitez prendre une décision, affirmez : « L'Intelligence infinie me guide. L'action juste gouverne ma vie. Je vis, j'agis et j'ai mon être tout entier dans la Présence toute-puissante. Elle m'ouvre la porte. »

Si vous priez pour la prospérité et la réussite en étant jaloux des autres, de leur situation ou de ce qu'ils possèdent, ce sentiment négatif empêchera le bien de venir à vous et s'opposera à votre croissance, et par conséquent à votre prospérité.

Vous devriez décider de mener une vie remplie et heureuse. Dieu vous a procuré des bienfaits en abondance pour que vous en profitiez. Dieu vous a créé afin que la vie soit à vous en abondance.

Chapitre cinq

Les merveilles d'une imagination disciplinée

L'IMAGINATION CONSTITUE LE DÉBUT DE l'action. C'est l'instrument puissant qu'utilisent les scientifiques, les artistes, les inventeurs, les architectes et les mystiques. Imaginer signifie concevoir une idée et l'imprimer dans son subconscient. Ce qui se trouve imprimé dans le subconscient se voit exprimé sur l'écran de l'espace sous la forme d'une expérience ou d'un événement. Si vous souhaitez être prospère, vous devez commencer par vous imaginer que vous l'êtes. Si vous désirez être riche, vous devez également commencer par vous l'imaginer. Quand le monde dit : « C'est impossible, ça ne peut pas être fait », la personne qui possède de l'imagination répond : « C'est déjà fait. » L'imagination représente l'atelier de Dieu, où les idées et les désirs sont transformés et manifestés dans notre vie quotidienne. Ce que nous imaginons, nous le deviendrons, l'atteindrons et en ferons l'expérience.

Je connais un industriel réputé qui cultiva son imagination et qui se visualisa à la tête d'une grande entreprise prospère jusqu'à ce que son rêve devienne réalité. Il me confia : « Je m'imaginais que je dirigeais une grande compagnie ayant des filiales partout dans le monde. » Il ajouta qu'il visualisait sur une base régulière les bureaux, les usines et les magasins de cette entreprise, sachant que le pouvoir de son esprit lui permettrait de réaliser son rêve. Il connut la réussite et il commença à attirer à lui les idées, le personnel, les amis, l'argent, ainsi que tout ce dont il avait besoin pour concrétiser son rêve. J'appréciai tout particulièrement lorsqu'il me dit : « C'est aussi facile d'imaginer la réussite que l'échec – et c'est bien plus intéressant. »

Réfléchissez un instant au fait que tout ce que nous voyons et trouvons utile et pratique dans notre vie provient de l'imagination d'hommes et de femmes : les vêtements que nous portons, les voitures que nous conduisons, les fauteuils dans lesquels nous nous reposons, les maisons dans lesquelles nous vivons, et ainsi de suite. Toutes les grandes œuvres d'art se veulent le résultat d'une inspiration. La merveilleuse peinture de la Vierge a commencé par exister dans l'esprit d'un artiste discipliné. C'est l'imagination qui dirige l'humanité pour aller de l'avant et vers Dieu.

Les êtres humains utilisent leur imagination depuis le début des temps. Les archéologues ont découvert que les hommes préhistoriques gravaient sur les murs des grottes des représentations des animaux et des poissons qu'ils souhaitaient attraper. Pourquoi une telle pratique ? Certains scientifiques avancent que ces peuples primitifs savaient instinctivement qu'en illustrant ce à quoi ils aspiraient, un Pouvoir quelconque attirerait cette source de nourriture dans leur existence afin qu'ils aient de quoi manger. Voyez-vous, ils comprenaient déjà la loi de l'esprit – le pouvoir de l'imagination.

Pendant l'âge d'or de la Grèce, il y a plus de 2 500 ans, les anciens Grecs se servaient de la loi de l'esprit et de leur imagination. Les femmes enceintes s'entouraient d'images et de statues magnifiques pour que leur enfant à naître reçoive de leur mère des images de santé, de beauté, de symétrie et d'ordre. Ces femmes contemplaient ces œuvres d'art pour que leurs enfants héritent de ces qualités de grâce et d'intelligence.

Il y a peut-être un rêve ou un projet que vous aimeriez réaliser, mais vos amis, vos collègues de travail ou d'autres personnes de votre entourage prétendent que c'est impossible. Il s'avère même possible que vous pensiez : « Pour qui je me prends ? Je suis incapable de faire ça. Je n'en sais pas assez et je ne connais pas les bonnes personnes. » En vérité, vous possédez tout ce qu'il vous faut pour atteindre votre objectif. Les « bonnes personnes » ne sont que la Présence de Dieu qui réside en vous et qui vous a donné votre idée.

Cette Présence divine peut transformer votre rêve en réalité dans l'Ordre divin, à travers l'Amour divin.

Une bonne façon de gérer la résistance qui règne dans votre esprit consiste à vous détacher de ce que vous disent vos sens et les apparences, puis de commencer à réfléchir clairement et avec intérêt à ce que vous souhaitez. Quand votre esprit se trouve engagé sur votre objectif, vous utilisez la loi créatrice de votre esprit et votre rêve se verra réalisé.

Si vous voulez recevoir, vous devez au préalable imaginer l'objet de vos désirs. Une vieille légende illustre bien cette idée : Il était une fois un prince qui avait le dos voûté et qui n'arrivait pas à se tenir droit. Il avait demandé à un sculpteur de façonner une statue à son image, lui ressemblant en tous points, à l'exception de son dos, qu'il souhaitait voir droit comme une flèche. « Je désire me voir comme je devrais être et comme Dieu veut que je sois », lui lança-t-il. Lorsque le sculpteur eut terminé la statue, le prince la fit installer dans un coin dissimulé du jardin. Deux ou trois fois par jour, il méditait devant sa statue en se concentrant sur la rectitude de son dos. Les mois passèrent et les gens commencèrent à dire : « Le prince n'a plus le dos voûté. Il se tient droit comme un homme noble. » La légende raconte que le prince sortit dans le jardin et que son dos était aussi droit que celui de la statue.

Parce que vous possédez la faculté d'imaginer ce que vous désirez, vous pouvez contrôler n'importe quelle circonstance. Si vous envisagez de réaliser un souhait, un désir ou un projet, visualisez-le tel que vous le voulez. Imaginez en permanence que votre désir est devenu réalité. De cette façon, vous l'inciterez à se manifester. Tournez votre attention, votre amour et votre dévotion vers votre désir. Exaltez-le et consacrez-vous sincèrement à sa réalisation. De cette façon, toutes vos peurs perdront de leur puissance et disparaîtront de votre esprit.

J'ai rencontré un acteur qui utilisa la puissance de son esprit pour concrétiser son désir de se faire un nom dans sa profession. Il m'avait confié qu'au début de sa carrière, il n'était pas très doué. Il avait de petits rôles et il s'en sortait difficilement. Il décida donc de se servir des pouvoirs de son subconscient. Tous les soirs, il passait 15 minutes à se visualiser en acteur célèbre jouant avec talent des rôles de premier plan – et exaltant le pouvoir de l'Esprit en lui. En imaginant régulièrement sa réussite, il créa dans son subconscient un schéma qui lui permit d'atteindre des sommets dans sa profession. Il savait qu'il pouvait compter sur le pouvoir du Tout-Puissant.

Robbie Wright, qui fait partie de mon équipe de radio, utilisa également la loi de l'esprit et gagna récemment un prix lors d'une course d'accélération. Il me confia qu'il s'était « préparé psychologiquement » avant l'événement en imaginant qu'il finissait premier et qu'il se voyait félicité par ses amis et par son frère. Pendant la course, il se sentit envahi par une puissance suprême ; celle-ci répondait à l'image de victoire qu'il avait créée dans son esprit.

Vous pouvez utiliser votre imagination de deux façons : pour atteindre la réussite ou pour attirer l'échec. Si vous regardez le sommet d'une montagne en disant : « J'arriverai en haut », voilà ce qui se produira. Mais si vous affirmez : « Je suis vieux, je vais me faire des ampoules, c'est trop difficile », vous ne parviendrez pas au sommet de cette montagne. Votre imagination peut aussi bien vous mener vers les hauteurs les plus vertigineuses que vers les profondeurs les plus abyssales qui soient. Une personne qui accumule les échecs aura naturellement des images de défaite dans son esprit. Une personne qui souffre d'une maladie chronique et qui se plaint en permanence portera en elle des images de mauvaise santé et de faiblesse. Si un homme d'affaires s'imagine en permanence que la faillite l'attend, c'est ce qui se surviendra. Vous avez le pouvoir de visualiser la maladie et l'échec, mais ce serait absurde de le faire.

L'imagination se révèle plus efficace que la discipline ou la contrainte lorsqu'il est question de changer de mauvaises habitudes. Par exemple, les alcooliques savent qu'en se fiant uniquement à leur volonté d'arrêter de boire, ils ne feront qu'empirer leur cas. Mais lorsqu'ils méditent sur la sobriété et la paix d'esprit et qu'ils s'imaginent en bonne santé et heureux de vivre – en sachant que le

Pouvoir tout-puissant appuie leur image mentale –, ils se libèrent de leur mauvaise habitude et se voient guéris.

L'imagination constitue également un outil suprême pour surmonter les maladies physiques. Le docteur Carl Simonton, oncologue, enseigna à de nombreux patients des techniques de visualisation et de méditation pour vaincre leur cancer. Il relata l'histoire du premier patient qu'il eut l'occasion de traiter à la base aérienne de Travis. Celui-ci était un non-fumeur atteint d'une tumeur au niveau du palais, et une autre, plus importante, au fond de la gorge. Il ne pouvait plus manger et avait perdu beaucoup de poids. Les médecins ne lui donnaient que 5 à 10 pour cent de chances de guérir de ses deux cancers. Toutefois, le docteur Simonton se montrait d'avis que le pouvoir de l'esprit pouvait être utilisé pour influencer la capacité d'une personne à surmonter des maladies graves, et il commença donc à travailler avec le patient en ce sens dans le but de l'aider à puiser dans sa source de guérison naturelle. Il lui apprit à se détendre et à s'imaginer que le cancer réagissait positivement à la radiothérapie, et que son corps retrouvait une santé parfaite et des cellules fonctionnant à merveille. En effectuant cette visualisation trois fois par jour, son patient obtint des résultats extraordinaires. Aujourd'hui, son corps ne présente plus aucun signe de tumeur cancéreuse. Voici les commentaires du docteur Simonton :

> Je dois insister sur le fait qu'il s'agissait d'un patient extrêmement positif. Il se voulait également très coopératif et après une semaine de traitement, sa tumeur commença à diminuer. Après quatre semaines, l'ulcère ne présentait aucun signe de croissance tumorale, ce qui prouvait que le traitement s'avérait extrêmement efficace. Je n'avais jamais obtenu de tels résultats au sein de deux tumeurs distinctes en si peu de temps. Au bout d'un mois, il ne restait plus qu'un petit ulcère dont la guérison se déroulait très bien, et dix semaines plus tard, mon patient avait retrouvé un palais dont l'apparence se révélait quasiment normale. Ce qu'il y a de merveilleux, c'est que la lésion de sa gorge a réagi de la même façon que celle de son palais, et il était impossible de deviner

qu'il avait eu une tumeur à cet endroit. Seulement trois mois après avoir été interdit de vol, cet homme recevait l'autorisation unanime de reprendre son travail.

Quoi qu'il en soit, certaines personnes ne souhaitent pas aller mieux. En effet, elles se complaisent dans leur misère et s'en servent pour attirer la sympathie de leur entourage. Elles passent leur temps à parler de leur maladie, ce qui a pour effet de l'entretenir. Pourtant, ce que Dieu souhaite pour vous est que vous exprimiez le meilleur de vous-même et que votre santé soit parfaite.

Tout au long de votre traversée de la vie, et même pendant les moments difficiles, vous devez garder à l'esprit qu'il existe en vous un lieu saint qui représente le sanctuaire de Dieu, où vous pouvez ressentir le lien qui vous unit à Celui qui est pour l'éternité. Réalisez que la Présence invisible qui vous habite vous montrera le chemin et vous aidera à réaliser votre rêve. Par le pouvoir de votre imagination, vous pouvez libérer l'amour et la beauté qui se trouvent dans votre cœur.

Si vous visualisez régulièrement la réalisation de vos désirs, l'Univers agira en votre nom pour les combler. J'ai rencontré il y a quelques années un jeune homme qui avait été enrôlé dans l'armée et qui déplorait le fait qu'il avait dû abandonner son projet de devenir médecin. Je lui suggérai ceci : « Imaginez que vous êtes médecin. Vous avez un diplôme d'une très bonne école, ce qui prouve que vous êtes maintenant médecin et chirurgien. Vous êtes très réputé et vous avez beaucoup de patients. Utilisez la loi de votre esprit et visualisez la réalisation de votre désir. » Il me fallut seulement cinq minutes pour lui expliquer les lois de son esprit, car il comprit rapidement de quoi il était question. Il commença à s'imaginer qu'il menait la vie qu'il désirait, et quelque temps plus tard, l'armée l'envoya dans une école de médecine. Aujourd'hui, il est médecin comme il le souhaitait.

Quand elle est disciplinée, votre imagination vous permet de vous élever au-dessus de toutes les limitations. Vous pouvez imaginer tout ce que vous voulez. Vous pouvez imaginer que votre ami, qui possède peu de moyens financiers, mène une vie de luxe – en voyant son visage s'illuminer de joie et un sourire se dessiner sur son visage. Vous pouvez l'entendre vous dire ce que vous souhaitez entendre et le voir comme vous le voulez – rayonnant, heureux et prospère. Vous pouvez imaginer l'abondance là où il y a du manque, la paix là où règne la discorde, et la santé là où la maladie sévit.

Vous pouvez également utiliser le pouvoir de votre imagination pour aider des gens qui sont loin de vous à guérir. La distance ne limite en aucun cas le pouvoir de l'esprit. Imaginez que votre mère se trouve à l'hôpital et qu'une grande distance géographique vous sépare. Si vous connaissez la loi de l'esprit, vous savez que le pouvoir curateur de Dieu afflue en elle et que l'Amour divin la guérit, la guide et la protège. L'Amour divin guide également les médecins et les infirmières qui s'occupent d'elle. C'est ce que vous pouvez affirmer. Imaginez qu'elle est en face de vous et qu'elle vous parle du miracle de Dieu qui se produit dans son existence. Vous la voyez pleine de vie et d'enthousiasme. Elle vous dit ce que vous vouliez entendre. Vous la voyez aussi clairement que si elle se tenait près de vous. C'est ainsi que vous priez réellement et que vous utilisez la loi de l'esprit.

Lorsque vous répétez ce genre d'affirmation, il s'avère important d'éviter de penser à la maladie de votre mère et de ne pas l'imaginer sur son lit d'hôpital. Si vous affirmez une chose et en imaginez une autre, vous n'obtiendrez pas les résultats souhaités parce que votre visualisation doit être en accord avec votre affirmation. Il n'y a rien de plus simple. Je dis souvent que 99 pour cent des gens ne savent pas prier. Certes, leurs prières sont magnifiques, mais dans leur esprit, ils imaginent leur proche à l'hôpital, en prison ou dans une autre situation difficile.

L'imagination constitue un outil dont vous pouvez vous servir pour n'importe quel aspect de votre vie. Par exemple, imaginons qu'un professeur vous dise que votre fils est plus lent que les autres élèves ou qu'il souffre de troubles d'apprentissage. Que faites-vous ? Premièrement, vous commencez par vous asseoir et vous détendre, puis vous affirmez en vous-même : « Mes orteils sont détendus.

Mes pieds sont détendus. Mes muscles abdominaux sont détendus. Mon cœur et mes poumons sont détendus. Ma colonne vertébrale est détendue. Mon être tout entier est complètement détendu, de la tête aux pieds. » Ce n'est que lorsque vous aurez apaisé votre corps et votre esprit que le Pouvoir tout-puissant pourra commencer à travailler à travers vous. Votre prière ne sera pas entendue si vous ne le faites pas, alors, détendez-vous et ayez confiance.

Maintenant, imaginez que votre fils se trouve en face de vous et qu'il vous dit : « Maman, je n'ai que des bonnes notes. Mon professeur m'a félicité pour mes résultats. » Vous réalisez que l'Intelligence infinie afflue à travers votre fils. La sagesse de Dieu bénit son intellect. Il est heureux et il apprend facilement. Voilà une façon d'utiliser la loi de l'esprit à travers votre imagination. Il n'y a rien de plus simple.

Vous pouvez également employer le pouvoir de votre imagination pour mieux gérer l'idée de la mort. Imaginez que vous assistez à l'enterrement d'un ami. Remarquez les différentes émotions qui surgissent en vous. Si vous connaissez la loi de l'esprit, vous pouvez vous réjouir de la renaissance de votre ami. Vous pouvez l'imaginer entouré de ses proches dans l'autre dimension, dans un lieu d'une beauté indescriptible. Vous pouvez visualiser le fleuve de paix de Dieu qui afflue dans l'esprit et dans le cœur de toutes les personnes présentes. Vous pouvez vous élever dans les cieux de votre esprit, peu importe où vous vous trouvez. C'est le pouvoir de l'imagination. Vous savez que personne n'est enterré nulle part, n'est-ce pas ? Si vous le croyez, vous vous identifiez à tout ce qui se voit limité et affublé d'une fin. Vous construisez un cimetière dans votre propre esprit.

Il s'avère pareillement possible de vous servir de cette faculté qui est la vôtre pour imaginer que les secrets de la nature et de l'histoire vous sont révélés. C'est ce que fit l'un de mes proches lorsque nous voyageâmes ensemble en Irlande. Un jour, nous arrivâmes devant une tour que mon ami observa pendant une heure. Durant tout ce temps, il resta pensif et n'ouvrit pas la bouche. Je finis par lui demander ce à quoi il pensait et il me répondit qu'il méditait sur l'âge des pierres de la tour. Son imagination l'avait ramené à l'époque où elles avaient été trouvées dans des carrières. Il voyait la structure, la formation géologique et la composition de ces pierres. Il avait terminé sa méditation en imaginant que ces pierres ne faisaient qu'unes avec toutes les autres pierres, avec la vie et avec le monde entier.

Ainsi, son imagination lui permit de remonter dans l'histoire des Irlandais en contemplant une simple tour. Il vit les âmes invisibles qui vivaient à cet endroit et entendit leur voix. Ce lieu avait repris vie à ses yeux grâce à son imagination. Il avait réussi à remonter dans le temps à une époque où la tour n'existait pas encore. Dans son esprit, il recréa le lieu d'où provenaient ces pierres, les ouvriers qui exploitaient les carrières, le rôle de la tour et l'histoire qui s'y rattachait. Il me confia : « J'arrive presque à ressentir et à entendre les pas qui foulèrent ce sol il y a des milliers d'années. »

Si vous croyez que Dieu incarne le pouvoir spirituel qui demeure en vous, qui répond à vos pensées, qui vous guide et vous rend prospère dans toutes vos voies, vous réaliserez de grandes choses. Vous aborderez la vie avec positivisme et vous vous attendrez à ce qu'il y a de mieux. Votre amour, votre paix et votre bienveillance profiteront à l'humanité entière et vous réussirez dans tous les aspects de votre vie.

Howard Schultz, le président de la Starbucks Coffee Company, en constitue un très bon exemple, puisqu'il se servit de son imagination pour créer une entreprise extrêmement prospère. En 1982, Schultz fut embauché au poste de directeur des opérations et du marketing pour Starbucks, qui se voulait alors un petit distributeur de café avec quelques points de vente à Seattle. Il était alors âgé de 29 ans et venait juste de se marier. Environ un an après, il eut l'occasion de visiter l'Italie au cours d'un voyage d'affaires et il remarqua à quel point le café occupait une place importante dans la culture italienne. Là-bas, la journée commençait habituellement par une tasse d'expresso dans un bar. Des groupes d'amis et de collègues se rencontraient également dans les bars à d'autres moments de la journée pour siroter une tasse de café. Ces bars représentaient en quelque sorte le centre de la vie sociale des Italiens.

Schultz commença donc à concevoir des bars du même style aux États-Unis. Rien de tel n'existait à cette époque, mais il lui semblait que l'idée pouvait fonctionner grâce à la qualité des cafés Starbucks. Il visualisa l'ouverture de centaines de cafés Starbucks dans l'ensemble des États-Unis et cette idée devint pour lui une obsession. Il se montrait déterminé à construire une chaîne nationale de magasins inspirés du bar italien, mais les propriétaires de Starbucks manifestaient une certaine réticence. Ils étaient grossistes et ne souhaitaient pas s'orienter vers la restauration.

Décidé à atteindre son objectif, Schultz quitta Starbucks pour ouvrir un café qu'il appela Il Giornale. Le succès ne se fit pas attendre. Il en inaugura rapidement un deuxième à Seattle et un troisième à Vancouver. En 1987, il racheta Starbucks et se servit de ce nom pour rebaptiser son entreprise.

Il existe maintenant des cafés Starbucks dans des centaines de villes du monde et cette franchise détient une réputation mondiale qui en fait un fier représentant de la réussite américaine. Howard Schultz se voyait fermement convaincu de ce qu'il souhaitait réaliser et il devint l'un des hommes les plus fortunés au monde. Son histoire illustre bien les merveilles que notre imagination peut accomplir pour nous.

Si vous visualisez que vous êtes prospère et que vous faites ce que vous aimez – sans renier ce que vous affirmez –, vous ne pouvez que réussir, parce que la loi de votre esprit vous soutient. J'ai parlé avec un élève qui s'est servi de cette loi pour surmonter les problèmes qu'il rencontrait dans ses études. Il m'avait confié : « J'ai de mauvaises notes. Je n'ai pas une bonne mémoire et je ne sais pas d'où vient le problème. » Le seul problème qu'il avait était en réalité son état d'esprit. Je lui expliquai donc de quelle façon agir pour traiter son esprit à l'aide d'une méthode spirituelle, et il commença à utiliser la prière affirmative. Ainsi, il affirmait qu'il y avait un Pouvoir spirituel en lui, que sa mémoire était parfaite et que l'Intelligence infinie lui révélait en permanence ce qu'il avait besoin de savoir à chaque instant.

Il imagina ses professeurs et ses parents le féliciter pour son merveilleux travail et pour ses notes excellentes. Il se sent maintenant plus libre qu'il ne l'a jamais été et il obtient de très bons résultats scolaires. Par son travail, il irradie la bonne volonté, laquelle profite à ses professeurs et à ses camarades de classe, ce qui s'avère très important.

Si vous le décidez, vous pouvez imaginer que vous allez passer une mauvaise journée, que les affaires n'iront pas bien, qu'aucun client ne viendra dans votre magasin et que vous ne gagnerez pas d'argent – et vous en ferez l'expérience. Mais il se révèle largement préférable que vous nourrissiez votre imagination de pensées représentatives de vos désirs. Une personne de ma connaissance remplaça ses pensées de « vaches maigres » par l'idée de faire un profit intéressant sur la vente de sa maison. Elle m'avait confié qu'elle essayait de vendre cette maison qui lui avait été léguée par son père et dont la valeur s'élevait à un demi-million de dollars. « Je suis veuve, je suis seule et je préfère vendre cette maison. Mais les gens n'ont pas ce genre de moyens à l'heure actuelle. Dès qu'ils apprennent le prix, ils quittent pour ne plus jamais revenir », m'avait-elle dit.

Je lui répondis : « Je vais vous dire ce que vous devez faire. Oubliez ce genre de pensées. Promenez-vous dans cette maison et imaginez que vous la faites visiter à une personne intéressée. Vous lui montrez tout – le garage, le jardin et tout le reste – et elle vous dit : ' Elle me plaît. Je l'achète. ' Puis, elle vous tend un chèque pour la payer. Vous êtes heureuse de cette transaction et vous apportez votre chèque à la banque. Votre banquier vous dit : ' Félicitations, vous avez vendu votre maison ! ' Vous visualisez le processus de vente, car si vous ne vendez pas votre maison dans votre esprit, vous n'y parviendrez jamais dans la réalité – toutes les transactions ont lieu dans l'esprit. »

Si une personne dans cette situation se dit que la conjoncture économique n'est pas bonne, que les taux d'intérêt sont élevés et que personne ne dispose d'un demi-million de dollars à dépenser sur une maison, elle ne vendra jamais sa maison. Au lieu de cela, elle doit prendre conscience qu'il existe de nombreux millionnaires et affirmer : « L'Intelligence infinie attire à moi l'acheteur qui apprécie cette maison, veut l'acquérir et possède l'argent nécessaire pour la payer. » Il n'existe pas de moyen plus rapide au monde pour la vendre.

Lorsqu'elle commença à affirmer régulièrement ce qu'elle voulait, cette personne vendit très vite sa maison à un prix satisfaisant.

Que devriez-vous imaginer ? La Bible nous dit d'imaginer tout ce qui est vrai, juste, aimable, pur et honnête. Imaginez des conditions de vie qui vous honorent, vous élèvent et vous satisfont. Imaginez que votre mari ou votre femme vous dit ce que vous voulez entendre — à quel point il ou elle vous aime, combien sa vie s'avère merveilleuse avec vous, combien son bonheur est grand ou comment il ou elle a obtenu la promotion de ses rêves. Imaginez ce que vous voulez en détail et ne reniez pas ce que vous affirmez.

Quoi qu'il en soit, gardez à l'esprit que vous ne pouvez pas utiliser la prière affirmative pour forcer quelqu'un à faire ce que vous souhaitez ou à éprouver certains sentiments à votre égard. J'ai reçu des lettres provenant de tout le pays dans lesquelles les expéditeurs me disaient par exemple : « Je veux me marier avec cette femme, mais elle ne fait pas attention à moi. Pouvez-vous me dire comment prier pour l'attirer à moi ? » C'est difficile à croire ! Je leur réponds pour leur dire que j'ai du mal à imaginer qu'un homme puisse vouloir être avec une femme qui ne s'intéresse pas à lui. Je trouve cela totalement absurde. Essayer de forcer quelqu'un à vous aimer ou à se marier avec vous se révèle déraisonnable et ne peut que se retourner contre vous. C'est de la pure folie !

Servez-vous de votre imagination pour prendre soin des affaires de votre Père, lequel permet à votre sagesse, à vos compétences et à vos connaissances de profiter aux autres ainsi qu'à vous-même. Vous prenez soin des affaires de votre Père si vous possédez un petit magasin et que vous imaginez en posséder un plus grand, ce qui vous permettrait d'offrir une plus grande gamme de services à vos concitoyens. Si vous écrivez des nouvelles, vous pouvez parler dans vos écrits de la Règle d'or et de la loi de l'amour. En vous servant de votre imagination, vous pouvez vous créer une vie inspirante qui se révélera profitable autant pour vous que pour les autres. Vous pouvez réussir tout ce que vous entreprenez. Vous pouvez surmonter l'adversité, la pauvreté et l'échec.

En résumé

Si vous souhaitez être prospère, vous devez commencer par vous l'imaginer. Si vous désirez être riche, vous devez également commencer par vous l'imaginer. Quand le monde dit : « C'est impossible, ça ne peut pas être fait », la personne qui possède de l'imagination répond : « C'est déjà fait. »

Parce que vous détenez la faculté d'imaginer ce que vous désirez, vous pouvez contrôler n'importe quelle circonstance. Si vous envisagez de réaliser un souhait, un désir ou un projet, visualisez-le tel que vous le voulez.

Imaginez en permanence que votre désir est devenu réalité. De cette façon, vous l'inciterez à se manifester. Vous pouvez imaginer l'abondance là où il y a du manque, la paix là où règne la discorde, et la santé là où la maladie sévit.

Ce que vous pouvez concevoir peut devenir réalité. La réussite que vous souhaitez profondément est une idée dans votre esprit avant de prendre forme sur l'écran de l'espace. Grâce à la loi de l'esprit et à votre imagination, vous pouvez surmonter l'adversité, la pauvreté et l'échec, et réussir tout ce que vous entreprenez.

Chapitre six

Rien n'est gratuit

COMME LE DIT L'ADAGE BIEN connu, « On n'a rien sans rien. » Il n'y a pas longtemps, je me tenais dans un magasin qui offrait un paquet de lames de rasoir gratuit si on achetait deux tubes de mousse à raser. Évidemment, les lames n'étaient pas vraiment gratuites – le client en couvrait indirectement le coût en achetant d'autres articles.

Rien n'est gratuit. Si vous voulez être riche, vous devrez payer le prix de la richesse ; si vous voulez réussir, il existe aussi un prix pour cela. Ce « prix » consiste à appliquer la loi de l'esprit – et ce n'est pas tout le monde qui se montre prêt à le faire. J'ai rencontré à New York un formidable professeur de métaphysique qui s'appelait madame Menier. Elle vivait à l'hôtel Lucerne et avait une amie qui lui empruntait des livres et des vêtements lorsqu'elle lui rendait visite. Un jour, je demandai à madame Menier : « Pourquoi cette femme n'écoute-t-elle pas vos enseignements ? Elle n'est pas obligée de porter vos vieux vêtements. Elle pourrait réussir par elle-même. » Ce à quoi elle répondit : « Elle ne veut pas en payer le prix. Elle n'est pas prête à porter attention et à appliquer ces vérités. Elle préfère les vieux vêtements à la sagesse. »

Je pense que madame Menier avait raison. Son amie préférait les vieux vêtements, les parapluies d'occasion et autres articles du genre, à l'application des lois mentales et spirituelles. Tout ce qu'elle avait à faire se résumait à s'intéresser à ces grandes vérités, mais elle ne voulait pas en payer le prix. C'est le cas de nombreuses personnes.

Madame Menier se montrait très sympathique et elle donnait ses vêtements avec plaisir, mais je ne pense pas qu'elle rendait service à son amie en agissant ainsi.

Si vous éprouvez un désir, vous devez lui consacrer de l'attention et lui être fidèle. Il y a un prix à payer pour tout. Quand vous avez appris à conduire, vous avez dû effectuer des efforts pour maîtriser l'utilisation du volant et les manœuvres de stationnement. Aujourd'hui, vous pouvez probablement accomplir tout cela sans effort. Il s'avère même possible que ce soit votre subconscient qui conduise votre voiture. Vous avez payé le prix en consacrant votre attention à l'apprentissage de la conduite, et maintenant, vous le faites automatiquement.

Le prix à payer pour obtenir ce que l'on veut suppose également d'avoir foi dans la réalisation de nos désirs — ce qui n'est pas le cas de tout le monde. Par exemple, au cours d'un séminaire d'été sur les pouvoirs du subconscient que j'ai enseigné il y a quelques années à Denver, j'ai rencontré une dame qui priait depuis dix ans pour la guérison de son eczéma, sans avoir jusque-là obtenu de résultats. Elle avait utilisé différentes lotions astringentes et autres traitements topiques sans remarquer d'amélioration. Même si elle avait essayé de se guérir, elle n'en avait jamais véritablement payé le prix, c'est-à-dire qu'elle n'avait pas eu suffisamment foi dans la Présence curative infinie et dans la loi de son subconscient pour croire que la Présence curative lui répondrait en guérissant sa peau. Au contraire, elle avait donné du pouvoir aux conditions extérieures en affirmant : « Ma peau est sensible au soleil. Je suis allergique au froid. Je pense que l'eczéma qui se répand sur mon bras est héréditaire. Ce sont mes gènes et mes chromosomes qui sont en cause. » Lorsque je lui expliquai l'importance de se fier au Pouvoir unique, elle commença à prier différemment en affirmant :

La Présence curative infinie qui a créé mon corps et tous mes organes connaît tous les processus de mon corps. J'affirme, je sens et je sais clairement et catégoriquement que la grandeur et la gloire de l'Infini se manifestent dans mon esprit et dans mon corps.

L'intégrité, la vitalité et la vie de l'Infini affluent à travers moi, et chaque atome de mon être se voit transformé par la Présence curative infinie. Je pardonne entièrement et j'envoie de l'amour, de la vérité et de la beauté à tous les membres de ma famille et de ma belle-famille. Je suis reconnaissante pour la guérison qui se produit en ce moment et je sais que lorsque je demande, la réponse vient à moi.

Elle prit l'habitude de réciter tranquillement cette prière dans le calme et avec respect plusieurs fois par jour. Juste avant que je quitte Denver, elle m'apprit qu'elle se sentait beaucoup mieux et que son eczéma avait complètement disparu. Parce qu'elle avait la foi, elle put recevoir le don de la guérison.

La foi se manifeste par l'attention, la dévotion et la loyauté envers le Pouvoir créateur unique. Vous avez la foi quand vous savez que les pensées sont des choses, que vous attirez ce que vous ressentez et que vous créez ce que vous imaginez. Vous avez la foi quand vous savez que les idées que l'on dépose dans le subconscient se manifestent sous la forme d'objets, d'expériences et de conditions. Des randonneurs qui s'étaient perdus dans une forêt se montraient convaincus qu'ils se verraient guidés vers le bon chemin. Ils ne disposaient pas de boussole et ignoraient comment se diriger en se servant des étoiles, de sorte qu'ils se mirent à prier : « Le Seigneur est mon berger : je ne manque de rien. Il me conduit par le juste chemin. Il me guide maintenant. » Après avoir récité cette prière, ils eurent l'intuition qu'il leur fallait prendre un chemin en particulier. Ils suivirent cette piste qui leur était envoyée par l'Intelligence suprême et ils s'en sortirent sains et saufs.

Ils payèrent le prix en ayant foi dans la Source divine et en l'invoquant. La foi naît de la compréhension des lois de notre esprit et de leur application raisonnable dans toutes nos affaires. Les scientifiques s'avèrent convaincus que leurs recherches permettront une meilleure compréhension de la nature. Les agriculteurs sont convaincus que les graines qu'ils déposent dans la terre se transformeront en récolte. Pour recevoir des richesses, vous devez d'abord être persuadé qu'elles vous seront données. Vous devez imprégner votre subconscient de l'idée de richesse, car ce qui se voit inscrit dans votre subconscient se concrétise sur l'écran de l'espace.

Dieu constitue à la fois le donneur et le don; vous êtes celui qui reçoit. Dieu incarne la Présence et le Pouvoir infinis, le Principe de Vie et le Père de tout. Dieu promet : « Invoque-moi le jour de ta détresse et Je te délivrerai. Je te protégerai, puisque tu connais mon nom. » La nature de Dieu est de vous répondre.

Le simple fait que vous désiriez quelque chose se veut la preuve que cette chose vous appartient déjà. Votre désir provoque une réaction de la part de l'Intelligence suprême qui réside en vous. L'Éternel sait ce dont vous avez besoin avant même que vous ayez demandé. Le besoin se trouve déjà satisfait; le don a été accordé.

Vous devez ouvrir votre cœur pour recevoir. Il vous faut vous débarrasser des croyances erronées qui habitent votre esprit et accepter la vérité, c'est-à-dire que la présence curative de Dieu demeure en vous. Vous recevrez toujours une réponse. Peut-être vous est-il déjà arrivé d'essayer de résoudre un problème, de vous creuser les méninges pour découvrir la solution, de demander de l'aide à votre entourage, de tout tenter et de finir par abandonner tellement vous vous retrouvez épuisé, vous en remettant alors à votre esprit profond. C'est lorsque vous arrêtez de penser à votre problème que la réponse surgit dans votre esprit – par exemple pendant que vous dormez ou que vous vous douchez.

Vous payez le prix en reconnaissant que l'Intelligence suprême connaît la réponse. Quand vous décidez de rendre les armes, confiez votre problème à la Source en affirmant : « Il y a en moi une force qui sait », et la réponse viendra. Ayez foi, et la Présence et le Pouvoir infinis vous répondront.

Thomas Edison se montrait convaincu qu'il pouvait fabriquer une ampoule électrique. Il ressentait le désir intense d'éclairer le monde et de servir l'humanité, et l'électricité lui révéla ses secrets. Il paya le prix en persévérant et en étant persuadé que la réponse viendrait à lui. Il se voulait entièrement dévoué à son projet, sachant dans son cœur et dans son âme que l'Intelligence divine lui répondrait. Il ne baissa pas les bras et son esprit profond ne se déroba pas.

Je vais maintenant vous raconter l'histoire d'un homme qui gagna des millions grâce à sa foi et qui aida de nombreuses personnes à accroître leurs richesses. Sir John Templeton avait foi en sa capacité à effectuer de bons investissements. Né en 1912 dans le Tennessee, il avait passé sa jeunesse à penser qu'il deviendrait missionnaire. Cependant, une fois à l'université, il réalisa qu'il possédait un don particulier : il savait comment faire des investissements rentables. Il déclara à cet égard : « Il me semblait que la plupart des investissements reposaient sur les émotions et sur l'ignorance, et non sur le bon sens. »

Dans les années quarante, il mit sur pied un groupe de fonds mutuels, ce qui se révélait un concept relativement nouveau à l'époque. En 1954, il fonda Templeton Growth Fond, Ltd., qui devint par la suite un fonds de placement très réputé. En 1992, il prit sa retraite et vendit son entreprise après avoir aidé durant toutes ces années des milliers de personnes à réaliser des profits. Un placement de 10 000 $ effectué quarante ans auparavant vaut aujourd'hui plusieurs millions de dollars.

Templeton attribue le succès de son entreprise au pouvoir de la prière. Dans un article du bulletin *Positive Living Newsletter,* il écrivit : « Pendant 30 ans, toutes les réunions de la direction de Templeton Growth commencèrent par une prière, et pendant toutes ces années, les rendements des placements de nos actionnaires ne furent égalés par aucun autre fonds de placement public. »

Templeton se montre en désaccord avec ceux qui affirment que sa réussite aurait été la même sans prière. « Mes prières m'ont permis d'y voir plus clair dans mon esprit et d'avoir des idées qui se sont révélées décisives dans ma réussite. Mes collègues de travail et moi-même ne prions pas pour qu'une action en particulier prenne de la valeur, car cela ne fonctionnerait pas. Nous prions simplement afin que les décisions que nous prenons soient les bonnes », indiqua-t-il.

Il créa également en 1972 le prix Templeton, qui récompense les progrès de la recherche dans le domaine des réalités spirituelles, dans le but d'honorer les individus qui font évoluer notre compréhension de ce qu'est le divin en nous. Le gagnant remporte plus d'un million de dollars – ce montant se voit réévalué chaque année pour être toujours supérieur à la récompense accordée pour le Prix Nobel. Templeton déclara vouloir que son prix ait une valeur plus élevée pour souligner que la religion se veut tout aussi importante que les arts et les sciences. Mère Teresa et Billy Graham font partie des récipiendaires de ce prix.

En plus de prier et d'avoir la foi, il s'avère nécessaire de se concentrer sur le sentiment d'amour si vous désirez réaliser vos rêves. L'amour signifie que vous souhaitez aux autres ce que vous voulez pour vous-même. Quand vous aimez votre prochain, vous lui envoyez des vibrations de paix et de bienveillance, et vous vous réjouissez de ses réussites et de son bonheur. À l'inverse, la condamnation et la critique se révèlent extrêmement destructrices et génèrent un poison psychique qui pénètre dans votre corps tout entier et vous prive de vitalité, de force et d'équilibre.

J'ai suggéré à un musicien qui ambitionnait d'atteindre l'excellence de se concentrer sur l'amour et de prier de la façon suivante :

> *Dieu représente le grand musicien. Je suis un instrument et un canal pour le divin. La Présence de Dieu afflue en moi sous la forme d'harmonie, de beauté, de joie et de paix. La Présence et le Pouvoir infinis jouent la mélodie éternelle de l'amour à travers moi. Je joue la mélodie de Celui qui est pour l'éternité. Je suis inspiré par le Très Haut et des rythmes majestueux viennent à moi en révélant l'harmonie éternelle de Dieu.*

En l'espace de quelques années, il se transforma en un musicien de grande renommée. Le prix qu'il paya pour obtenir cette réussite était l'attention, le respect et la dévotion à l'égard de l'Être éternel à qui l'on doit toutes les bénédictions.

Le prix à acquitter correspond au même pour tout le monde. Il ne s'agit pas de forcer ou de vous épuiser, mais de créer l'idée de la richesse dans votre conscience. Vous pouvez travailler 14 ou 15 heures par jour, mais si vous n'êtes pas conscient de la Sagesse et de la Présence en vous, votre dur labeur ne servira à rien. Le royaume de l'intelligence, de la sagesse et de la santé réside en vous et vous n'éprouverez aucune difficulté à payer vos factures si vous l'invoquez. Les idées infinies de Dieu se trouvent à votre disposition si vous prenez contact avec l'Esprit infini et si vous vous réjouissez à l'idée qu'il vous révèle tout ce que vous avez besoin de savoir.

Un des membres de ma congrégation, Richard D., utilisa le pouvoir de l'Infini tout-puissant pour surmonter des pertes financières graves. Il pria pour être guidé en demandant que l'Intelligence créatrice lui dévoile les étapes à franchir pour débloquer sa situation. Un jour, il ressentit un besoin urgent d'aller dans le désert. Une fois sur place, alors qu'il se trouvait en état de méditation, une idée surgit dans son esprit et des images de personnes quittant Los Angeles et la côte est pour venir s'établir dans ce qui constituait alors une région non développée défilèrent dans son esprit. Il voyait des maisons, des hôpitaux et des écoles se construire à cet endroit. Il fit part de cette idée à une vieille connaissance qui possédait une agence immobilière réputée à Los Angeles, lui expliquant l'extraordinaire potentiel que représentait ce désert. Son ami, à qui l'idée plut, l'embaucha comme agent d'achats pour promouvoir le développement de cette région désertique. Le succès de cette opération valut à Richard d'être nommé associé de l'agence et il est aujourd'hui multimillionnaire.

Richard paya le prix de sa réussite en reconnaissant le Divin et en suivant la piste qui lui était envoyée. Vous aussi pouvez le faire. Le simple fait que vous souhaitiez une réponse signifie qu'elle est déjà présente dans le monde intellectuel et spirituel dans lequel vous vivez, agissez et avez votre être tout entier. Réalisez que Dieu constitue à la fois le donneur et le don, et vous devez savoir le recevoir.

Malheureusement, beaucoup de personnes ne savent pas recevoir. Elles disent : « Ce n'est pas pour moi, tout ça. C'est pour le voisin ! » En réalité, tout vous a été donné. Dieu demeure en vous et le monde entier vous appartient. Que vous soyez un représentant commercial, un gérant, un chimiste ou un médecin, vous pouvez affirmer : « L'Esprit infini en moi me révèle les meilleurs chemins pour Le servir. Les idées créatrices de Dieu se dévoilent en moi et me révèlent des voies nouvelles et meilleures pour accomplir de grandes choses et pour servir l'humanité. » De nouvelles idées viendront en effet à vous, mais vous devez avoir la foi, reconnaître le Pouvoir unique et l'invoquer.

Il y a quelques années, j'ai aidé une serveuse à apprendre à utiliser la loi de l'esprit pour résoudre un problème complexe. Je l'ai rencontrée lors d'un séjour à l'hôtel Jasper Park Lodge en Alberta, au Canada, où elle était employée. Je lui suggérai de confier son problème à son esprit profond tous les soirs avant de s'endormir. Voici ce que je lui dis : « Vous devez reconnaître que la Source infinie connaît la réponse. Quand vous vous tournez vers elle avec foi, elle vous répond. Vous devez faire votre part en reconnaissant cette Intelligence créatrice. »

Elle décida donc de s'adresser à son Esprit infini en ces termes : « Révèle-moi la solution. Je sais que toi seul connais la réponse. » Elle s'endormit avec cette prière sur les lèvres et le lendemain matin, elle reçut un télégramme de l'Ontario qui vint résoudre tous ses problèmes.

La Présence de Dieu guide le cours des planètes et fait briller le Soleil. Elle règne sur votre corps et prend soin de vous lorsque vous dormez. Vous devez commencer à vous en servir. Invoquez-la et elle vous répondra. Si vous ne l'invoquez pas et si vous n'avez pas foi en elle, cela revient à dire qu'elle n'existe pas, puisque la Présence de Dieu ne peut rien faire si ce n'est *à travers* vous — à travers vos pensées, votre imagination, vos croyances et vos convictions.

Barry P. se servit de ce Pouvoir infini pour devenir un chirurgien réputé. Quand il était interne, il avait un sérieux problème : ses mains tremblaient à cause de son tempérament nerveux. Il décida de s'attaquer au problème en passant tous les jours une demi-heure à monter et à descendre des escaliers avec un gobelet rempli d'eau à la main. À mesure que le temps s'écoulait, Barry réussissait à renverser moins d'eau, et même si au bout de six mois ses mains ne tremblaient plus, il ne s'arrêta pas pour autant. Il fit sa part en faisant preuve de détermination et il devint un chirurgien oculaire réputé.

À sa place, auriez-vous abandonné ? En auriez-vous eu assez au bout d'un moment ? Auriez-vous dit : « Oh, à quoi bon ? » Il se trouve que Barry voulait devenir un grand chirurgien et qu'il y avait un prix à payer pour cela. À l'heure actuelle, on l'appelle en Arabie saoudite, en Angleterre, en Irlande et dans d'autres pays du monde pour assurer des interventions chirurgicales délicates. Il n'a plus besoin de prier pour être riche puisque l'argent vient à lui tout seul.

Comme ce chirurgien, si vous avez un souhait, vous pouvez vous consacrer à sa réalisation. Il s'avère naturel de vouloir plus que ce que l'on a et d'aspirer à la santé, à l'amour, à la paix, à l'harmonie, à l'abondance et à la sécurité. C'est l'inverse qui serait anormal. Votre désir ultime est de sentir que vous êtes uni à Dieu. On appelle cette union le yoga de l'amour. Le Principe de Vie sait comment réaliser vos rêves, mais vous devez ouvrir votre cœur et votre esprit pour recevoir avec tout votre être le don de Celui qui est pour l'éternité.

Débarrassez votre esprit de ses préjugés, fausses croyances et superstitions, et sachez que Dieu vous répond lorsque vous L'invoquez. Vous devez reprendre le contrôle de votre esprit et réaliser que ce que vous désirez existe déjà dans l'Esprit infini. Tout ce que vous avez à faire consiste à déterminer quel est votre désir et à le visualiser aussi clairement que s'il était réel.

Il s'avère inutile de lutter ou de forcer les choses. Ce qui compte est de respecter l'Infini et de puiser dans sa source. Assistant au spectacle d'une danseuse au Jasper Park Lodge, il me parut évident qu'elle avait invité Dieu à danser à travers elle. Elle se voyait visiblement habitée par la sagesse et le rythme de l'Esprit, et elle reçut des salves d'applaudissements des spectateurs qui étaient venus l'admirer.

Elle disait avoir « dansé pour Dieu ». Elle méritait amplement la reconnaissance de l'assistance. Elle me confia que son professeur de danse l'encourageait à prier pour que Dieu s'exprime à travers elle et que Sa grâce, Son aisance et Sa sagesse l'habitent en permanence.

Henry Hamblin, fondateur du magazine *Science of Thought Review*, invita également Dieu à œuvrer à travers lui. À une période de sa vie, il se retrouva confronté à de grandes difficultés financières. Un jour, alors qu'il rentrait chez lui en marchant sous la neige, il réalisa subitement que la santé, l'amour et la bonté de Dieu se comparaient aux milliards de flocons qui tombaient sur les rues de Londres. « À cet instant, j'ai ouvert mon cœur et mon esprit aux richesses infinies de Dieu en sachant que Sa richesse, Son amour et Son inspiration s'apparentaient à ces innombrables flocons qui venaient se déposer dans mon cœur et dans mon esprit », déclara-t-il à ce sujet.

À partir de ce moment, la richesse vint à lui librement et infiniment, et il n'éprouva plus jamais de problèmes financiers. Il avait modifié son état d'esprit et ses pensées d'abondance se concrétisèrent dans son existence. Rien n'avait changé dans son environnement — Londres, la neige et son bureau étaient toujours les mêmes —, mais par contre, il s'était transformé pour devenir un instrument d'expression des richesses de la vie.

Il n'y a rien de gratuit dans la vie. Tout a un prix — et en ce qui nous concerne, il s'agit de l'attention. Tournez votre attention et votre amour vers la musique, l'électricité, votre travail ou vers toute autre chose, et l'élément en question vous révélera ses secrets. Sa sagesse vous sera transmise lorsque vous aurez pris conscience que l'Infini réside en vous et que le Pouvoir de Dieu agit à travers vous.

J'ai lu un article très intéressant sur Maude Towle qui, à l'âge de 103 ans, continue de consacrer toute son attention à ce qu'elle aime :

> Les yeux dissimulés derrière des lunettes en fonds de bouteilles, elle se dirigeait à petits pas vers ce qui faisait sa fierté et sa

joie. La plupart des gens de son âge tirent leur fierté et leur joie de leurs petits-enfants ou même de leurs arrière-petits-enfants. Mais pour cette dame de 103 ans, la plus belle chose de son existence est sa voiture à moteur électrique. Même si elle a dépassé l'âge de la retraite depuis 38 ans, elle a récemment passé le test de renouvellement du permis de conduire californien pour la onzième année consécutive. Maude Towle fait partie des dix conducteurs les plus âgés de l'État – mais il ne s'agit là que d'une facette de son histoire.

Aussi active à 103 ans que le sont habituellement les gens de 65 ans, elle travaille sept jours sur sept comme gestionnaire des paiements pour une société de prêts hypothécaires. N'est-ce pas merveilleux ? « Je ne me mettrai jamais à la retraite, dit-elle, parce que si je le faisais, je ne pourrais pas survivre. La Sécurité sociale ne donne pas assez aux vieilles personnes comme moi pour subvenir à leurs besoins. Je peux mener la vie que je veux et faire ce qui me plaît sans qu'on me dise quoi faire. »

Cette histoire est intéressante, n'est-ce pas ? Maude Towle aime la vie et elle se plaît à apporter sa contribution à la société. Elle constitue la preuve vivante que nous pouvons rester jeune en conservant notre amour de la vie ainsi que notre sens de l'humour et de l'aventure. Nous ne vieillissons réellement que lorsque nous devenons aigris, amers et haineux – lorsque nous sommes habités par la malveillance envers nous-mêmes et envers notre entourage. Ce genre d'émotions et de pensées rongent notre âme, et c'est alors que nous subissons les effets du vieillissements. De son côté, le Principe de Vie ne vieillit jamais. N'étant pas né, il ne mourra jamais.

Une autre personne qui consacra toute son attention à ce qu'elle aimait est l'inventeur de la machine à vapeur, James Watt. Né en Écosse en 1736, il vivait à Glasgow où il œuvrait à titre de réparateur. « Je pouvais réparer pratiquement n'importe quel outil mécanique », déclara-t-il un jour. Il se trouvait à la tête d'un petit atelier et il aimait tout particulièrement effectuer des expériences avec la vapeur. En 1763, il eut l'occasion de réparer un moteur de démonstration Newcomen, qui se voulait une pompe atmosphérique consommant beaucoup d'énergie par rapport au résultat obtenu. Pendant qu'il travaillait sur cet appareil, Watt eut l'idée d'un moteur à vapeur totalement nouveau qui permettrait de régler les problèmes du Newcomen. Toutefois, il lui manquait quelques connaissances pour concrétiser son idée. Un dimanche après-midi de mai 1766, une vision se présenta à lui alors qu'il se promenait dans le parc de Glasgow en réfléchissant au moteur. « Dans cette vision, le moteur à vapeur m'apparut dans ses moindres détails. Je n'eus pas le temps de faire un pas de plus que l'idée s'était déjà structurée dans mon esprit », révéla-t-il à ce sujet.

Le lendemain matin, Watt se mit au travail. En moins de douze heures, il avait construit un nouveau moteur qui utilisait efficacement l'énergie de la vapeur. Son idée fut brevetée en 1781 et cette invention, qui fut rapidement mise à profit dans les usines, marqua le début de la révolution industrielle.

Plusieurs éléments contribuent à notre réussite. Certains, comme la famille, le pays et la classe sociale dans lesquels nous naissons, ou encore nos traits physiques et intellectuels, échappent totalement à notre contrôle. Par chance, les qualités qui comptent réellement sont celles que nous pouvons cultiver, la plus importante d'entre elles étant la persévérance. Si vous vous intéressez à la vie des individus qui ont apporté une contribution remarquable à l'humanité, vous remarquerez que la plupart d'entre eux manifestèrent une persévérance hors norme.

Prenons l'exemple d'Albert Einstein. Au primaire, ses résultats scolaires s'avéraient tellement mauvais que lorsque son père demanda au directeur quelle profession conviendrait le mieux au petit Albert, il s'entendit répondre : « Ce n'est vraiment pas important, parce qu'il n'excellera jamais dans quoi que ce soit. » Comme nous le savons tous, Einstein fut l'un des plus grands physiciens du vingtième siècle, et il le doit plus à sa détermination qu'à son génie naturel.

Il existe de nombreux cas similaires de réussite. Par exemple, Winston Churchill était un élève très lent. Au début de sa carrière, il n'avait pas très bonne réputation, et jusqu'à la crise de la Seconde Guerre mondiale, il n'était pas parvenu à réaliser la plupart de ses rêves et objectifs. Mais parce qu'il avait persisté sur la voie qui l'intéressait en travaillant sur lui-même, il se montra prêt à assumer un rôle de leader lorsque l'occasion se présenta à lui à l'âge de 66 ans. À une période de l'existence où la plupart des gens prenaient leur retraite, il devint premier ministre de la Grande-Bretagne en 1940 et réussit à rallier non seulement son pays, mais également le monde occidental tout entier contre la menace nazie. Grâce à sa ténacité, il est considéré comme l'un des plus grands leaders politiques du vingtième siècle.

Churchill paya le prix de son succès. Il concentra son attention sur son objectif en refusant d'abandonner et en gardant toujours à l'esprit que le Pouvoir infini comblerait ses désirs.

Franklin D. Roosevelt incarne un autre modèle de persévérance et cette qualité lui permit de surmonter des obstacles monumentaux. En 1921, il était très handicapé par la polio, mais son fauteuil roulant ne l'empêcha pas de diriger les États-Unis pendant la crise de 1929 et la Seconde Guerre mondiale. Une de ses forces résidait dans ses fameuses discussions radiophoniques que l'on appelait «causeries au coin du feu». Elles lui permettaient de faire des discours qui, sous des airs informels et décontractés, nécessitaient une grande préparation de sa part afin que son message puisse passer de façon naturelle. Dans un musée de Hyde Park, à New York, les neuf ébauches de l'un de ses fameux discours se trouvent exposées derrière une vitrine. La première n'était pas très bonne, la deuxième meilleure, et il continua ainsi jusqu'à obtenir ce qu'il souhaitait. Pensez à toutes les heures – peut-être même les jours – passées à collecter de l'information auprès d'experts et à assembler toutes les pièces pour élaborer un discours convenable. Ces «causeries» influencèrent énormément son pays.

Rien au monde ne peut remplacer la persévérance. Le talent ne le peut pas – il n'y a rien de plus courant que des personnes talentueuses qui ne réussissent pas. L'éducation seule ne le peut pas. Le monde se trouve peuplé de personnes éduquées qui n'ont pas su faire leur place. Seules la persévérance et la détermination se révèlent toutes-puissantes.

Déclarez votre loyauté et votre dévotion à la Présence de Dieu, puis réalisez qu'elle est votre guide, votre conseillère et la source de toutes les bénédictions. Il n'existe pas d'autre pouvoir. Pensez aux merveilles qui pourraient se produire dans votre vie si votre attention et votre loyauté se voyaient entièrement dirigées vers cette grande vérité. Toutefois, si vous accordez du pouvoir à du matériel, à des êtres humains, à des conditions météorologiques et à d'autres circonstances extérieures du même style, vous adorez alors plusieurs dieux et vous n'obtiendrez pas ce que vous désirez. Lorsque vous vous éveillez à la vérité qu'il n'existe qu'un Pouvoir, une Présence et une Cause, le bien vient à vous. Maintenant, soyez honnête envers vous-même et posez-vous les questions suivantes : « Est-ce que je crois, au plus profond de mon cœur, qu'il n'existe qu'une Présence, qui est l'Esprit vivant en moi ? Est-ce que je crois qu'il est tout-puissant et omniprésent ? Ou est-ce que je confère du pouvoir au monde extérieur comme les étoiles, le Soleil, la Lune, la température, les autres personnes, mon karma, mes vies antérieures, le vaudou ou les démons ? »

Il n'y a pas de place pour les démons, car il n'existe qu'une Présence et un Pouvoir. Ce sera merveilleux lorsque vous en arriverez par vous-même à cette conclusion. À la question : « Que feriez-vous si tous les adeptes de magie noire essayaient de vous nuire en vous jetant des sorts ? », le juge Thomas Troward avait répondu : « Je dirais ' cocorico ! ' »

Pourquoi cette réponse ? Il savait que les « magiciens » ne détiennent aucun pouvoir. Le seul pouvoir qui existe est la Présence unique qui se veut harmonie. Elle n'est pas divisée et aucune querelle ne règne en elle. Comment une partie de l'Esprit pourrait-elle lutter contre une autre à n'importe quel endroit du monde ? Il s'agit là, mes amis, de la plus grande des vérités. Dès l'instant où vous donnez du pouvoir à une chose créée, votre esprit se divise et l'instabilité s'installe en vous.

J'ai lu un article concernant un médecin qui avait été guéri d'une maladie invalidante en plaçant sa foi en Dieu. Voici ce que le texte disait :

> Le docteur Phil Miles mit son scepticisme de côté quant à la possibilité d'une guérison surnaturelle depuis qu'une maladie étrange s'en prit à son corps en déformant et en paralysant ses membres, et que sa foi – et non la médecine moderne – en vint à bout. « C'est un miracle », déclara ce médecin d'El Paso, au Texas. Il ajouta, avec un reflet dans les yeux : « Cette guérison m'a redonné vie. Je suis la preuve vivante qu'il existe une force curative bien plus puissante que n'importe quelle personne sur cette planète. »
>
> Le docteur Miles souffrit pendant sept ans de cette étrange maladie qui provoquait des tremblements et des torsions dans ses bras ainsi que dans ses jambes. Ancien membre du prestigieux centre médical militaire Walter Reed, il fit appel aux neurologues les plus réputés des États-Unis, mais aucun d'entre eux ne parvint à poser un diagnostic sur sa maladie. Lorsqu'il en arriva au point d'être cloué au lit par cette affection qui empirait à vue d'œil, ce jeune médecin se tourna, en désespoir de cause, vers la seule alternative qui s'offrait à lui : avoir foi en Dieu. Il demanda donc à l'un de ses voisins de venir l'aider à prier pour son rétablissement, et il n'oubliera jamais ce qui se produisit un jour bien particulier, car chaque instant en reste gravé dans sa mémoire.
>
> « Je récitais cette prière sans réussir à m'arrêter de sangloter, se rappelle-t-il. À peine eus-je fini d'en prononcer les derniers mots qu'à ma grande surprise, mes mains s'ouvrirent subitement alors qu'elles se trouvaient coincées depuis deux jours dans une position en pince de crabe. L'instant d'après, ce furent les muscles rigides de mes pieds qui commencèrent à se détendre. Je réalisai alors qu'il s'agissait d'un pouvoir surnaturel. » Il se remit totalement dans les deux jours qui suivirent et plus de deux ans après, sa santé se veut toujours bonne et il a retrouvé sa place d'obstétricien et de gynécologue au centre médical militaire de William Beaumont à El Paso, au Texas.

> Le docteur Miles, qui est âgé de 36 ans, déclara n'avoir remarqué aucun signe avant-coureur de cette maladie étrange. « J'ai été examiné par certains des meilleurs neurologues du pays, mais ils n'ont pas réussi à poser de diagnostic. Au fond de moi, je savais que je souffrais d'une forme de sclérose en plaques. »

Le docteur Miles a payé le prix de son rétablissement. Il a tout essayé avant de s'en remettre à la Présence de Dieu qui l'a créé et qui possède la connaissance ultime. Il sollicita un voisin pour prier avec lui. Ainsi, il s'abandonnait totalement à Dieu en reconnaissant la grande vérité qui résidait dans son cœur. Il sanglota en priant et il n'y a rien de mal à cela. Au contraire, il s'agit d'une preuve d'humilité.

Vous devez prendre conscience qu'il existe un prix à payer pour tous et qu'il s'agit de votre attention, de votre reconnaissance, de votre acceptation et de votre conviction. Vous aussi êtes en mesure de payer le prix. Tout ce que vous avez à faire est d'invoquer la Source toute-puissante et elle vous répondra. Méditons sur ces grandes vérités :

> *Dieu pourvoira à tous mes besoins selon Sa richesse. C'est dans la tranquillité et le repos que sera mon salut. Dieu me donne en abondance toutes choses pour que j'en jouisse. À Dieu, tout est possible. Avant que je L'invoque, Dieu me répondra. Qu'il me soit fait selon ma foi. L'Éternel est ma lumière et mon salut ; de qui aurais-je crainte ? L'Éternel est le soutien de ma vie ; de qui aurais-je peur ? Dieu me guide maintenant.*

En résumé

Rien n'est gratuit. Si vous voulez être riche, vous devrez payer le prix de la richesse ; si vous voulez réussir, il existe aussi un prix pour cela. Vous devez « payer » avec votre reconnaissance et votre conviction. Ce que vous désirez doit avoir toute votre attention, votre dévotion et votre loyauté, et ainsi, vous ne pourrez que recevoir une réponse. Si vous ne tournez pas votre attention vers le sujet qui vous intéresse — qu'il s'agisse de chimie, de mathématiques ou de votre travail —, il restera obscur à vos yeux.

Si vous voulez recevoir, vous devez commencer par proposer une idée à votre subconscient. Avant de pouvoir recevoir de la richesse, vous devez imprégner votre subconscient de l'idée de la richesse. Ce qui se voit inscrit dans le subconscient se concrétise sur l'écran de l'espace.

Débarrassez votre esprit de ses préjugés, fausses croyances et superstitions, et sachez que Dieu vous répond lorsque vous L'invoquez. Ce que vous cherchez existe déjà dans l'Esprit infini. Tout ce que vous avez à faire consiste à vous associer mentalement et émotionnellement à votre désir en réalisant qu'il s'avère aussi réel que votre main ou votre cœur.

La sagesse est la Présence et le Pouvoir de Dieu qui agissent à travers vous. Reconnaissez la présence de Dieu dans toutes vos voies et Il facilitera votre chemin. Ayez confiance en Dieu et vos désirs se verront exaucés.

Chapitre sept

Pourquoi ça m'arrive à moi ?

Il s'agit d'un grand privilège que de pouvoir conseiller mes semblables. Et il s'agit également d'une expérience enrichissante qui révèle les difficultés universelles auxquelles nous sommes tous confrontés, comme les peines de cœur, la perte d'un emploi, le désarroi ou la solitude. Au cours de mes consultations, le sujet de la loi de l'esprit finit toujours par être abordé, car la merveilleuse vérité selon laquelle « Il vous est fait selon votre foi » constitue la clé d'une vie épanouie.

Cependant, certaines personnes pensent que leurs problèmes sont trop compliqués pour être résolus avec une vérité aussi « simpliste ». Même les vétérans du mouvement de la Nouvelle Pensée se montrent souvent déçus lorsque je leur parle de la loi de l'esprit. Leur réponse s'avère invariablement la même : « Ah oui, c'est vrai, je la connais depuis un moment. Elle est formidable, en effet. Mais mon problème se révèle beaucoup trop compliqué pour qu'un concept aussi simpliste puisse le résoudre. » Ils ont peut-être tellement entendu parler de cette vérité qu'ils ont fini par s'en lasser, de telle sorte que sa puissance ne résonne plus en eux. Pourtant, elle représente la clé du royaume de Dieu et elle apporte toujours des solutions — peu importe la gravité du problème.

Quand une personne demande : « Pourquoi ça m'arrive à moi ? » ou « Pourquoi le mauvais sort s'acharne-t-il sur moi ? », elle crie son désarroi et elle formule la requête universelle et immémoriale d'une paix d'esprit durable. Nous sommes tous habités par le désir profond de nous trouver le plus près possible de la vérité. Nous aspirons à faire pénitence auprès de Dieu et à vivre dans la conscience de notre véritable nature en tant qu'enfants d'un Dieu vivant et aimant.

Même si nous éprouvons la sensation d'être victimes de nombreuses difficultés (et je n'essaie en aucun cas de les minimiser), tout vient d'un seul désordre fondamental : le sentiment d'être séparés de la source universelle de tout, que nous avons appelée Dieu. Lorsque nous aurons compris que nous ne pouvons pas être séparés de Dieu, nos problèmes deviendront gérables et nos peurs commenceront à s'estomper comme l'obscurité devant l'aurore.

Grâce à la loi de l'esprit, c'est vous qui façonnez votre avenir. Il s'agit d'un processus vital qui possède le pouvoir de vous transformer. À tous ceux qui prétendent que cette loi est « simpliste », je répondrai que *simplicité* ne rime pas forcément avec *facilité*. La mise en pratique de la loi de l'esprit nécessite attention, détermination, patience et responsabilité. C'est l'intérêt de la personne pour ce processus qui détermine la rapidité avec laquelle elle obtiendra des résultats.

Il arrive fréquemment que passé le premier élan d'enthousiasme, les gens se désintéressent de ce processus et n'ont plus la patience d'aller jusqu'au bout. Ils préfèrent oublier leur propre responsabilité à l'égard de leur destinée et la simple vérité du Pouvoir et de la Présence uniques ; pourtant, c'est la seule clé qui ouvre les portes de leur royaume. Vous pouvez faire de ce processus de transformation un travail difficile et désagréable, ou vous pouvez l'envisager comme l'expérience la plus enrichissante de votre vie.

Il existe une légende à propos d'un fermier qui était allé rendre visite à un sage en Asie afin de lui parler de sa vie difficile. Ne sachant plus comment s'y prendre pour s'en sortir, il avait envie de baisser les bras. Il était fatigué de devoir lutter pour survivre. À peine avait-il réglé un problème qu'un autre surgissait.

Après avoir entendu l'histoire du fermier, le sage le pria d'aller au lac et de lui rapporter un seau d'eau. Le fermier devait ensuite verser l'eau dans trois pots différents et les accrocher au-dessus du feu de la cheminée. L'eau se mit rapidement à bouillir. Dans le premier pot, il avait déposé quelques carottes, dans le deuxième quelques œufs, et dans le troisième une poignée de feuilles de thé.

Après les avoir laissés bouillir pendant trente minutes, le sage retira les pots du feu, puis il en sortit les carottes et les œufs de l'eau pour les déposer dans deux bols, versant ensuite le thé dans un troisième bol. Il se retourna alors vers le fermier pour lui demander : «Que vois-tu?»

- Des carottes, des œufs et du thé, répondit le fermier.

Puis le sage ajouta : «Prends les carottes et dis-moi ce que tu ressens.»

Le fermier s'exécuta et lui indiqua : «Les carottes sont molles.»

Le sage demanda cette fois-ci au fermier de prendre un œuf dans le bol et de le casser. Après en avoir retiré la coquille, le visiteur remarqua que l'intérieur avait durci. Ensuite, le sage lui suggéra de boire une gorgée de thé. Le fermier obtempéra et esquissa un sourire après avoir goûté à cette infusion parfumée.

«Qu'est-ce que cela signifie?», demanda-t-il alors au sage. Ce dernier lui expliqua que les carottes, les œufs et le thé avaient tous été soumis à la même épreuve, et que chacun avait réagi différemment. Les carottes, qui étaient fermes avant d'être plongées dans l'eau bouillante, avaient ramolli sous l'effet de cette expérience. L'œuf, fragile et protégé par une fine coquille, avait vu son intérieur se solidifier. Quant aux feuilles de thé, après avoir flotté dans l'eau bouillante, elles avaient fini par la transformer.

«Lequel de ces trois éléments êtes-vous?», interrogea le sage en regardant le fermier. «Quand l'adversité frappe à votre porte, comment réagissez-vous? Êtes-vous une carotte, un œuf ou une feuille de thé?»

•●•

Lorsque vous vous voyez confronté à un problème, demandez-vous : «Que suis-je? La carotte qui a l'air solide, mais qui s'affaiblit lorsqu'elle se trouve confrontée à des épreuves? L'œuf dont le cœur et l'esprit fragiles se renforcent après la perte d'un travail, une rupture amoureuse, une difficulté financière ou une autre épreuve ? Ou la feuille de thé qui transforme l'eau bouillante, c'est-à-dire les circonstances mêmes qui provoquent la souffrance ? »

Quand l'eau commence à bouillir, le thé libère son parfum et sa saveur. Si vous êtes comme la feuille de thé, vous savez modifier vos conditions de vie et vous en sortir lorsque les choses vont mal. Quand les temps sont durs et que les épreuves menacent, savez-vous vous élever au-dessus des difficultés ?

Dieu souhaite que tous les êtres aient suffisamment de bonheur pour les adoucir, d'épreuves pour les rendre forts, de chagrin pour entretenir leur humanité, et d'espoir pour les rendre heureux. Les personnes les plus enjouées ne sont pas forcément celles qui ont la vie la plus facile, mais elles ont su tirer profit de tout ce qui s'est présenté sur leur chemin. Un avenir radieux se construira toujours sur un passé oublié, car vous ne pouvez pas aller de l'avant tant que vous ne vous êtes pas libéré de vos douleurs et de vos échecs passés.

Vous êtes né en pleurant alors que tout le monde autour de vous souriait. Vivez votre vie pour qu'à la fin, ce soit vous qui souriez et ceux qui vous entourent qui pleurent. Faites passer ce message à ceux qui vous sont chers – aux personnes qui ont influencé votre vie, qui vous ont fait sourire quand vous en aviez besoin, qui vous ont fait voir le bon côté des choses quand vous étiez découragé, dont l'amitié vous est précieuse et qui occupent une place importante dans votre vie.

Des maîtres de sagesse anciens et vénérables avaient coutume de dire : « Les anges des cieux se réjouissent quand une âme réclame de tout son cœur des réponses à ses questions. » Tôt ou tard, n'importe quel homme, femme ou enfant intelligent doit se demander quel sens il doit donner à un monde troublant et turbulent. S'interroger sur le pourquoi des choses constitue à mon avis la démarche la plus saine qui soit.

De nombreuses personnes ont commencé à se poser cette question durant leur enfance. D'autres l'ont fait plus tard – la plupart du temps lorsqu'elles ont ressenti du découragement ou de la lassitude, ou que leurs idéaux et ambitions pour un monde meilleur ont commencé à s'estomper. Ce qui compte n'est pas tant le moment où nous posons la question que l'objet de la question. Les anges ne peuvent que se féliciter de voir une personne entamer le voyage le plus important et le plus fascinant de son existence en ayant comme désir le plus profond d'atteindre une meilleure compréhension.

Qui donc sont ces « anges des cieux qui se réjouissent » ? Le terme « ange » provient du latin « angelos », qui signifie « messager ». Les anges sont des messagers qui transmettent la vérité et la bonté de Dieu. Lorsqu'un individu se trouve suffisamment évolué – prêt, dans son esprit et dans son cœur, à ce que de vieilles vérités bien connues lui soient présentées sous des traits différents –, les anges se réjouissent.

Comme le dit le vieil adage : « Quand l'élève est prêt, le maître apparaît. » Le messager, ou maître, peut se présenter sous différentes formes : un livre, une conférence, un médecin – ou même sous l'aspect d'un commentaire en apparence anodin. L'ange apparaît dans un esprit de vérité et il s'adresse au cœur du suppliant.

Peu importe la forme sous laquelle il se montre à vous, accueillez le message et écoutez ce qu'il a à vous dire. Vous avez désiré ardemment cette vérité – que vous cherchez depuis tant d'années –, alors, ne rejetez pas le messager ou le message, même s'ils se présentent sous des traits totalement différents de tout ce à quoi vous avez toujours cru. *Vous connaîtrez la vérité, et la vérité vous affranchira.*

Il est écrit dans la Bible que lorsque Dieu eut fini de créer le monde, il le déclara à Son image. Vous constituez une composante – importante – de la création de Dieu. Celui-Ci n'a pas de préférence et il ne privilégie personne. Il ne peut qu'aimer tous les humains de façon égale. Il réside en vous et souhaite votre bien. De par sa nature même, Dieu est entièrement voué à vous donner, à vous guérir et à vous faire prospérer par tous les moyens imaginables.

Rien dans l'Univers ne peut s'opposer à Dieu ou contrecarrer Sa volonté. Il n'y a qu'une Présence et un Pouvoir dans lesquels vous vivez, agissez et disposez de votre être tout entier. Si vous ressentez de la peur, sachez que vous pouvez vous en remettre à Dieu, lequel incarne la vérité éternelle et infinie qui vous montre le chemin.

Dans son Sermon sur la montagne, Jésus exprime une vérité éternelle : « Demandez, et l'on vous donnera ; cherchez, et vous trouverez ; frappez, et l'on vous ouvrira. » Vous recevrez la vérité et des anges de toutes sortes vous livreront la bonne nouvelle.

Savoir reconnaître que nos conditions de vie et nos problèmes sont le fruit de notre création se veut un signe de maturité spirituelle. Vos problèmes ne seront pas forcément les mêmes que les miens, et c'est ainsi que les choses doivent se passer.

Une vieille légende illustre cette idée et raconte l'histoire d'un mystique qui avait demandé à tous les êtres humains de la planète de former un grand cercle. Au centre de ce cercle, ils devaient déposer leurs problèmes, leurs réclamations, leurs questionnements, leurs souffrances, leurs manques et leurs inhibitions. Puis, ils devaient examiner ce grand amoncellement de difficultés et échanger, s'ils le souhaitaient, leurs problèmes avec ceux des autres.

Un grand silence retomba alors sur la multitude, subitement devenue calme et silencieuse. Après moult réflexions et délibérations, chaque homme et chaque femme récupéra au centre du cercle les problèmes qui lui appartenaient, avant de finalement réintégrer son foyer. Aucune personne n'avait choisi d'échanger ses difficultés contre celles d'une autre.

Il se révèle extrêmement tentant de vouloir régler les problèmes des autres, mais il ne s'agit là que d'une perte d'énergie. En bout de course, nous ne sommes équipés que pour gérer notre propre vie, car nous en sommes les créateurs. Nous pouvons l'améliorer en modifiant nos croyances et en nous souvenant de ce que nous sommes réellement : des enfants de Dieu. Nous devons continuellement nous rappeler d'accepter le fait que nous avons hérité de tout ce qui est bon, vrai et magnifique. Ce n'est qu'à cette condition que nous pourrons connaître la paix parfaite et ne faire qu'un avec Dieu.

En résumé

Même si nous avons l'impression d'être victimes de nombreuses difficultés (et je n'essaie en aucun cas de les minimiser), tout vient d'un seul désordre fondamental : le sentiment d'être séparés de la source universelle de tout – le « Père », que nous avons appelé Dieu. Lorsque nous aurons compris que nous ne pouvons pas être séparés de Dieu, nos problèmes deviendront gérables et nos peurs commenceront à s'estomper comme l'obscurité devant l'aurore.

Lorsqu'un individu se trouve suffisamment évolué – prêt, dans son esprit et dans son cœur, à ce que de vieilles vérités bien connues lui soient présentées sous des traits inhabituels –, un messager vient à lui et s'adresse à son cœur.

Comme le dit le vieil adage : « Quand l'élève est prêt, le maître apparaît. » Le messager peut se présenter sous différentes formes : un maître, un livre, une conférence, un médecin – ou même sous l'aspect d'un commentaire en apparence anodin.

Vous constituez une composante importante de la création de Dieu. Celui-Ci n'a pas de préférence et il ne privilégie personne. Il ne peut qu'aimer tous les humains de façon égale. Il réside en vous et souhaite votre bien. La compréhension de la loi de l'esprit est la clé d'une vie épanouie, car vous façonnez votre avenir à l'aide de vos croyances.

De nombreuses religions se fondent sur cette vérité : « Demandez, et l'on vous donnera ; cherchez, et vous trouverez ; frappez, et l'on vous ouvrira. »

Chapitre huit

Louanges : un chemin vers la prospérité

NOS LOUANGES SONT LA PREUVE que nous acceptons la présence et le pouvoir curateurs de Dieu en chacun de nous. Grâce à vos louanges, vous glorifiez Dieu, le Principe de Vie et la Source du bien auquel vous aspirez. Vous irradiez d'une lumière de vérité et des glorieux rayons de l'illumination.

Jésus a dit : « Vous connaîtrez la vérité, et la vérité vous affranchira. » Quand notre désir de comprendre qui nous sommes provient de notre esprit, de notre cœur et de notre âme, un prophète de la vérité vient à nous. Nous réalisons alors que nous devenons ce sur quoi nous méditons, et que nos pensées contrôlent notre destin dans une grande mesure. Lorsque nous avons appréhendé ce concept, nous nous voyons libérés de nos prisons de croyances, de superstitions et de dogmes. Nous ne sommes plus esclaves de notre passé et nous nous ouvrons à la possibilité d'une prospérité abondante.

C'est à cette condition que nous pouvons nous éveiller à ce que nous sommes réellement et comprendre à quel point nos pensées se révèlent créatrices. Sans cette merveilleuse prise de conscience, notre progression se fait en dents de scie — du grand banquet à la famine, de l'exaltation au désespoir, et de l'abondance à la pauvreté et au manque. Quand nous aurons réalisé que nous sommes les captifs d'une prison spirituelle et psychologique dont nous avons nous-mêmes érigé les murs, nous serons prêts à briser les chaînes qui nous entravent, à défoncer les portes qui nous font obstacle et à profiter de notre liberté.

Nous sommes sur Terre pour valider le divin qui se trouve en nous et qui incarne une force créatrice merveilleuse et puissante. Nous sommes ici pour comprendre que nous devenons les pensées de notre cœur (ou, en termes plus modernes, de notre *subconscient*). Nous avons tout à fait le droit de nous conditionner à l'échec et de nous convaincre que Dieu ne peut pas nous « sauver » ou résoudre nos problèmes. Ou nous pouvons choisir des pensées de réussite, de prospérité et de paix d'esprit. Nous pouvons sélectionner nos pensées avec autant de pragmatisme que lorsque nous décidons quel vêtement nous allons porter. Nous disposons du droit divin de « revêtir » une magnifique étoffe de confiance et de nous attendre à ce que nos désirs soient réalisés.

Nous devons reconnaître notre capacité innée à nous transformer et savoir au plus profond de nous que nous ne sommes pas obligés de nous considérer comme des victimes de circonstances extérieures — comme des êtres accablés par le poids d'exigences injustes, de personnes déraisonnables et de tâches insurmontables. Nous pouvons décider d'être des victimes ou de devenir des conquérants. Nous pouvons toujours nous élever plus haut et atteindre des niveaux plus constructifs de compréhension et de prise de conscience spirituelles.

Dans la Bible, la notion de beauté fait référence à une maturité intellectuelle et spirituelle. La beauté équivaut dans une certaine mesure à la reconnaissance que nous récoltons maintenant les fruits de ce que nous avons semé dans le jardin fertile et créateur de notre esprit et de notre cœur. Atteindre cette beauté exige du courage. Nous devons pour ce faire nous montrer totalement honnêtes envers nous-mêmes, ce qui nécessite un examen de nos pensées et sentiments les plus profonds, que nous devrons ensuite affronter et guérir si nécessaire.

Lorsque nous entreprenons ce processus transformateur, nous repérons des schémas, dont certains sont constructifs et d'autres destructeurs. Il nous arrivera parfois de ne pas faire le lien entre nos pensées passées et nos expériences présentes, mais il en existe toujours un. Comme l'a écrit Kahlil Gibran dans Le prophète : « Si c'est le jour de ma moisson, dans quels champs ai-je semé la graine, en quelles saisons oubliées ? »

Nous avons peut-être semé des graines d'amertume et de rancœur qui nous empêchent à présent de réaliser notre désir d'amour, de prospérité et de paix d'esprit. Si tel est le cas, nous devons apprendre à pardonner. En pardonnant à notre prochain, nous nous ouvrons à une nouvelle perception de la vie – une magnifique et toute nouvelle étoffe à porter.

Bien sûr, nombreux sont ceux qui n'acceptent pas de pardonner pour le mal qui leur a été fait. Il passe rarement un jour sans qu'un conseiller – de n'importe quel domaine ou spécialité – n'entende dire : « Mais vous ne savez pas à quel point j'ai été maltraité, combien j'ai souffert et quel goût amer j'ai gardé de cette expérience. » Le fait est qu'en s'accrochant à des rancunes, on se rend plus malheureux et on se vide de son énergie. Comme je l'ai mentionné dans mon ouvrage *Secrets of the I-Ching*, la rancune et le désir de représailles abîment votre âme et vous enchaînent à vos problèmes.

Nous pouvons décider de nous libérer de nos rancunes à l'égard de ceux qui nous ont causé du tort. Nous ne sommes pas toujours d'accord avec les actions des autres, mais nous devons reconnaître que Dieu se trouve présent dans ces personnes. La même loi de l'esprit est à l'œuvre dans chaque homme, femme et enfant qui foule le sol de cette planète. La sagesse consiste à comprendre que les autres agissent en fonction de leurs propres références et que leurs « mauvaises actions » constituent des réactions à leurs souffrances et à leurs blessures.

Nous ne devrions pas nous considérer magnanimes ou généreux parce que nous pardonnons aux autres, car nous en récoltons nous-mêmes de grands bienfaits. C'est principalement à nous-mêmes qu'il faut pardonner. Nous devons nous pardonner d'avoir entretenu des sentiments négatifs et destructeurs, puis décider ensuite de ne plus les accueillir dans notre esprit à l'avenir. Car agir de la sorte reviendrait à nous condamner encore à l'emprisonnement, puisqu'en nous accrochant à des pensées d'autocondamnation, nous barrons la route à nos aspirations et à une prospérité éventuelle.

Le pardon éveille et allège l'esprit, le cœur et l'âme de l'humanité. Il nous libère des fardeaux les plus lourds et laisse pénétrer la beauté et la liberté dans notre vie. Le pardon et la compréhension nous unissent à Dieu et nous permettent de bénéficier de la plus grande part de paix, de sagesse, de puissance et d'amour qui soit.

Les louanges consistent à pratiquer la présence de Dieu – à exalter et à louer le bien auquel nous aspirons, peu importe la forme sous laquelle il se présente à nous. Grâce aux louanges, vous imprégnez votre subconscient des pensées de prospérité, d'amour et de paix qui se manifesteront sous la forme de conditions et d'événements sur l'écran de l'espace.

Avec les louanges, vous tournez toute votre attention et votre dévotion vers votre objectif. Quand nous louons Dieu, nous savons que le bien qu'il nous réserve nous est dévoilé. Nos louanges de Dieu se veulent une expression de notre foi en action.

En appliquant la loi de l'esprit et en vivant au plus près de la vérité, nous atteindrons la prospérité et l'épanouissement. Comme il est écrit dans la Bible : « Fortifiez-vous et ayez du courage ! Ne craignez point [...] car l'Éternel, ton Dieu, marchera lui-même avec toi ; il ne te délaissera point, il ne t'abandonnera point. »

En résumé

Nos louanges sont la preuve que nous acceptons la présence et le pouvoir curateurs de Dieu qui est en chacun de nous. Les louanges glorifient la Source unique du bien auquel nous aspirons.

Quand notre désir de comprendre qui nous sommes provient de notre esprit, de notre cœur et de notre âme, un prophète de la vérité vient à nous. Nous réalisons alors que nous devenons ce sur quoi nous méditons, et que nos pensées contrôlent notre destin. C'est alors que nous nous voyons libérés de notre emprisonnement et que nous pouvons profiter pleinement de notre prospérité.

Nous pouvons sélectionner nos pensées avec autant de pragmatisme que lorsque nous décidons quel vêtement nous allons porter. Nous pouvons nous concentrer sur des pensées de confiance et d'expectative positive, ou bien de manque et de limitation.

Nous devons reconnaître que nous ne sommes pas obligés de nous considérer comme des victimes de circonstances extérieures — comme des êtres accablés par le poids d'exigences injustes, de personnes déraisonnables et de problèmes insurmontables. Nous pouvons décider d'être des victimes ou de devenir des conquérants.

Les louanges consistent à pratiquer la présence de Dieu — à exalter et à louer le bien auquel nous aspirons, peu importe la forme sous laquelle il se présente à nous. Avec les louanges, vous tournez toute votre attention et votre dévotion vers votre objectif. Nos louanges de Dieu se veulent une expression de notre foi en action.

Chapitre neuf

Pourquoi vos croyances vous rendent riche ou pauvre

« Car on donnera à celui qui a et il sera dans l'abondance, mais à celui qui n'a pas, on ôtera même ce qu'il a. »

Ce passage de la Bible vous semble-t-il cruel ou injuste ? Certains êtres sont-ils destinés à profiter des richesses de ce monde tandis que d'autres sont voués à la privation et aux épreuves ? Absolument pas. Ces quelques phrases de la Bible se contentent de souligner la présence en chacun de nous d'un Pouvoir créateur qui répond à chaque instant à nos pensées et à nos méditations en produisant les circonstances et les conditions de notre vie quotidienne. En nous concentrant sur la prospérité et sur le bien, nous les attirerons dans notre existence. Au contraire, en nous tournant vers le manque et les limitations, nous créons le manque et la pauvreté dans notre vie.

Ceux qui bénéficient de la véritable abondance (l'approvisionnement constant) et d'une vie prospère se montrent conscients des pouvoirs créateurs de l'Esprit. Ils comprennent qu'en imprégnant en permanence leur subconscient d'idées d'abondance spirituelle, mentale et matérielle, celui-ci s'assure automatiquement d'attirer ces biens dans leur existence.

Telle est la grande loi universelle de la vie – opérationnelle et efficace pour tous. Elle l'a toujours été et ne cessera jamais de l'être. Nos croyances profondes se concrétisent sous la forme d'expériences, d'événements et de conditions. Si nous sommes convaincus de vivre dans un Univers généreux, intelligent et infiniment productif gouverné par un Dieu aimant, notre conviction se reflétera dans ce que nous vivons. De la même façon, si notre pensée dominante stipule que nous ne sommes pas dignes de la richesse universelle infinie et que nous sommes condamnés à vivre sans elle, c'est ce qui nous arrivera. Pour résumer, c'est notre état d'esprit prédominant qui détermine si nous sommes riches ou pauvres.

Pour reprendre le passage de la Bible, c'est pour cette raison que les riches deviennent plus riches et les pauvres plus pauvres. Une fois que nous avons assimilé cette loi, nous pouvons prendre le contrôle de notre vie, de nos activités et de nos circonstances. Dès que nous acceptons de reconnaître que l'Esprit unique représente notre agent créateur, nous sommes sur le chemin de la guérison, de l'abondance, de la prospérité et de la santé, et nous pouvons donner à notre existence son sens véritable et exprimer ce que nous sommes réellement.

Je sais qu'il n'est pas facile de se concentrer sur des notions de prospérité et de richesse quand on est dans le manque – mais je sais également que ce n'est pas impossible. Dans mon ouvrage *Your Infinite Power to Be Rich*, je mentionne que des efforts soutenus se révèlent d'autant plus nécessaires dans un tel cas, mais qu'ils en valent la peine puisque ceux qui pratiquent cette discipline deviennent inévitablement riches et peuvent obtenir ce qu'ils souhaitent. Les personnes qui orientent leur attention vers les richesses infinies de l'Esprit – la source de toutes les expériences – attirent encore plus de bien à eux.

La pensée disciplinée constitue la clé de la loi de l'esprit. Malheureusement, le terme « discipline » a tendance à rebuter les gens, qui l'associent à une punition ou à une épreuve. Il s'agit d'un malentendu, car le mot « discipline » provient du latin « disciplina », qui signifie « enseignement » ou « apprentissage ». Nous devons discipliner notre esprit lorsque nous aspirons à la vérité, car une telle démarche exige que nous examinions nos convictions et nous opinions profondes dans le but de mieux les comprendre. Nous devons déterminer ce en quoi nous croyons et pourquoi nous y croyons si nous voulons renouveler notre état d'esprit et penser différemment.

Apprendre que le malentendu qui règne à l'égard de l'abondance provient des Écritures – au moins dans notre monde occidental – constituera peut-être un choc pour certains. De nombreuses personnes ont été éduquées avec l'idée que « Le Seigneur aime les pauvres ». Dans la Bible, nous lisons : « Heureux les pauvres d'esprit, car le royaume des cieux est à eux », ou encore : « Il est plus facile pour un chameau de passer par le trou d'une aiguille que pour un riche d'entrer dans le royaume de Dieu. »

Ces mots se sont vus prononcés des milliers de fois sans que leur véritable signification ne soit connue. Ils ne doivent pas être interprétés littéralement, parce que la Bible ne correspond pas à un livre de faits. Envisagez-la plutôt comme un manuel de métaphysique et vous serez sur le bon chemin. Le langage des Écritures s'avère riche et foisonne de vérités et de conseils qui rendront votre vie plus florissante.

Être « pauvre d'esprit » ne signifie pas être déprimé et découragé, ou être empli de désespoir et de tristesse. Au contraire, cette phrase indique que votre esprit se montre ouvert et réceptif aux vérités de Dieu et que vous aspirez à en savoir plus sur la Divinité qui réside en vous. Elle signifie que vous avez débarrassé votre esprit de ses fausses croyances, de ses peurs, de ses préjugés et de tout ce qui peut vous empêcher de prendre conscience de la Présence divine qui vous habite.

À l'inverse, « le riche » se voit animé par une fierté intellectuelle, des idées préconçues ainsi que des dogmes sur Dieu et sur la Vie. Il se trouve tellement gonflé d'ego qu'il lui est impossible de passer par le trou d'une aiguille et d'entrer dans le royaume de Dieu, où les pensées se voient confiées à la loi divine.

La pauvreté équivaut à un problème de l'esprit. Guérissez votre esprit et vous supprimerez la pauvreté de votre existence. Le gouvernement et d'autres institutions ne pourront pas mettre fin à la pauvreté tant qu'ils n'auront pas réussi à la bannir de l'esprit humain. Bien sûr, nous pouvons et nous devons assister ceux qui sont dans le besoin et il existe des moyens de le faire intelligemment. Nous pouvons aider les gens à améliorer leurs conditions de vie matérielles et à conserver leur dignité – nous pouvons également les aider à comprendre qu'il existe des principes intellectuels et scripturaires qui leur permettront d'apprendre, de guérir et de s'affranchir de leur sentiment de pauvreté. Nous pouvons les amener à découvrir la Source d'approvisionnement et l'Intelligence infinie dans leur esprit et dans leur cœur.

Il n'y a pas de vertu à être pauvre et être riche ne constitue pas un crime, à partir du moment où la richesse s'obtient par des moyens honnêtes. Voler, frauder, détourner des fonds et duper son prochain revient à s'infliger ces fautes à soi-même. Car tôt ou tard, il nous en sera fait de même par un moyen ou un autre. Le cadeau le plus merveilleux que Dieu nous offre, et qui s'avère aussi le défi le plus grand qui soit, est celui de notre libre arbitre, c'est-à-dire la possibilité de choisir entre le bien et le mal, la santé et la maladie, la pauvreté et l'abondance. La décision nous appartient et nous devons la prendre avec prudence.

Il y a des moments où, au lieu de faire l'expérience de la réussite, nous rencontrons l'échec ; où, au lieu de l'abondance, nous récoltons la pauvreté ; et où, au lieu de l'harmonie, nous vivons dans le chaos. Quand les gens connaissent ce type de « malchance », ils en concluent à tort que le mal correspond à une puissance infinie. C'est peut-être l'impression que l'on en a en apparence, mais est-il possible qu'il y ait deux infinis ? Du point de vue mathématique, c'est impossible. Il ne peut exister qu'un Pouvoir, une Source et un Tout-Puissant infini.

Ne tirez pas de conclusions en vous basant sur les *apparences*. Ne décidez rien en vous fondant sur ce que les conditions semblent être sur le moment, car au-delà de tout ce que les cinq sens peuvent détecter se trouve Dieu, la Présence vivante, dynamique et intelligente. Les Anciens l'appelaient l'« Esprit divin ».

Nous passons notre temps à osciller entre deux opposés. Nous faisons l'expérience *des hauts et des bas* de la vie. Notre humeur peut passer de l'euphorie au désespoir, du plaisir à la douleur, de la joie à la tristesse, mais lorsque nous comprenons que ces extrêmes ne constituent que des manifestations d'un même principe –

créateur et dynamique en permanence –, nous ne craignons plus les opposés qui nous entourent tout au long de notre vie et dont nous faisons tous l'expérience à différents degrés. Nous sommes ici pour rapprocher ces opposés et pour créer l'harmonie, la santé et la paix dans notre monde.

Dans mon ouvrage *Secrets of the I-Ching*, j'indique qu'aucun système d'enseignement et qu'aucune sagesse pratique n'a jamais atteint une aussi bonne compréhension du principe des opposés que celle qui fut élaborée par les Chinois il y a 5 000 ans ! En effet, ceux-ci avaient compris et accepté ce principe qu'ils considéraient comme un cycle de changement. Selon eux, tout provient de l'Invisible (qu'ils appelaient le Tao ou Dieu), demeure un certain temps dans le visible, puis retourne dans l'invisible.

Les sages chinois de cette époque avaient conclu que le cosmos – le monde, la société et les individus – se trouvait toujours et à jamais dans un état de flux qui lui permettait d'osciller entre deux opposés. L'été devient l'hiver, le jour se transforme en nuit, la lune croît et décroît, la marée monte et descend, le vieux meurt pour laisser la place au nouveau.

Ils avaient compris qu'il existait des forces sur lesquelles ils ne détenaient aucun pouvoir : les mouvements des planètes, les saisons et les éléments naturels. Des inondations font rage, subsistent un moment, puis disparaissent. La sécheresse fait rage, subsiste un moment, puis disparaît. Le beau temps revient toujours. Il s'agit du cycle naturel de renouvellement et de réapprovisionnement à l'échelle cosmique.

Selon le I Ching, tout provient du Tao invisible. Les Écritures judéo-chrétiennes avancent la même hypothèse. Il est écrit dans la Bible : « Il n'y a point d'autorité qui ne vienne de Dieu, et les autorités qui existent ont été instituées de Dieu. » Le I Ching et la Bible s'entendent sur le fait que le Tao ou Dieu agit sur un plan universel, de façon impersonnelle, selon des lois ou principes naturels.

Nous ne pouvons pas contrôler les éléments, mais nous pouvons dominer notre conscience. Nous avons été dotés d'une intelligence et d'une capacité innées à choisir nos pensées, nos idées et nos attitudes, ainsi que ce que nous souhaitons être, faire, avoir et partager.

Ces désirs sont les anges de Dieu, les messagers du Divin, qui nous invitent à nous élever toujours plus haut. Laissez-vous captiver par votre désir. Avancez dans la direction de l'idée qui domine votre esprit. Nous avons certes été dotés de pouvoirs immenses sur notre vie, mais il existe un pouvoir encore plus grand auquel nous pouvons accéder : Dieu, à qui l'on doit tout le bien.

Prenez conscience que vous ne pouvez rien faire par vous-même, mais que l'Intelligence toute-puissante, ou Énergie de vie, manifeste le désir de subvenir à vos besoins, de vous protéger, de vous éclairer et de rétablir l'harmonie dans votre existence. Elle rapprochera les opposés et vous apportera la paix d'esprit. Lorsque nous disposons du plus merveilleux des dons, tout rentre dans l'ordre dans notre monde et nous découvrons ce qu'est le paradis — ici et maintenant — sur Terre.

Dans la Bible, Jésus parle des dualités de la vie en se servant de la parabole du blé et des mauvaises herbes. Dans cette histoire, un fermier plante des graines de blé dans son champ, mais l'un de ses ennemis y pénètre à la nuit tombée pour y semer des graines de mauvaises herbes. Par la suite, les employés du fermier lui demandent : « Que devons-nous faire avec les mauvaises herbes ? Les enlever ? »

Le fermier répond : « Non, si nous retirons les mauvaises herbes, nous détruirons également le blé. Laissons-les plutôt pousser ensemble jusqu'au moment de la récolte. Puis, nous arracherons les mauvaises herbes avec lesquelles nous ferons des fagots que nous brûlerons, et nous rassemblerons le blé dans la grange. »

Les mauvaises herbes correspondent à des pensées et à des croyances négatives et destructrices dont nous ne tirons aucun profit. Elles symbolisent la peur, le doute, la mauvaise volonté, la rancœur et la colère, ou le désir de se venger ou de prendre le pouvoir sur quelqu'un. Ce que cette histoire nous dit est qu'il ne faut pas s'alarmer si des mauvaises herbes apparaissent. Elles proviennent de l'esprit de masse ou de la conscience collective qui ne nous quittent jamais. Sachez reconnaître ce fait et brûlez les mauvaises herbes dans le feu de l'Amour divin. Choisissez de ne sauver que le blé, qui symbolise les vérités éternelles de la vie, de la santé, de l'abondance et de la paix véritable.

Vous êtes-vous récemment demandé : « Pourquoi Dieu accepte-t-il qu'il y ait de la pauvreté ? De la maladie ? Des guerres ? Des morts ? » Il est rare qu'un jour passe sans que ce genre de question ne soit posée sous une forme ou sous une autre. Il s'agit là de questions légitimes que nous nous sommes tous posées à un moment ou à un autre de notre existence si nous réfléchissons le moindrement.

La réponse stipule que Dieu nous a dotés du libre arbitre et que tant que nous l'utiliserons mal – ou avec malveillance –, ces conditions négatives ne cesseront de se présenter à nous. Tant que nous n'aurons pas compris le Principe de Vie et accepté d'assumer la responsabilité de nos choix et de nos décisions – individuellement et collectivement –, la perversion et la corruption continueront d'exister, et des guerres ne cesseront d'éclater.

Je crois qu'il est criminel que l'humanité cherche encore à s'approprier des biens et des terres par la force et par la guerre. Il existerait suffisamment d'abondance sur la Terre pour tout le monde si nous savions demander à la grande Source d'approvisionnement de nous faire don de ses bienfaits et répartir judicieusement nos ressources.

Réalisez l'immensité des pouvoirs émotionnels et intellectuels que vous possédez en vous. Il s'agit d'un trésor et d'un royaume dont vous avez le contrôle total. Vous devez comprendre la dualité du monde dans lequel vous vivez, notamment les opposés ultimes que sont la vie et la mort (apparente). Comme le disait Emerson, nous rencontrons une polarité, ou action et réaction, en tous points de la nature.

Tout au long de notre vie, nous nous voyons confrontés à des dualités déroutantes que nous devons considérer comme autant de défis à relever. Nous détenons le pouvoir d'utiliser notre sagesse, notre foi et notre détermination pour accomplir le bien et prendre les bonnes décisions. En agissant ainsi, vous serez récompensé par une vie de bienfaits, d'harmonie et d'abondance.

Nous devons reconnaître que Dieu est amour et que l'amour donne par nature. Dieu ne nous refuse jamais ses bienfaits. Nous pouvons choisir de devenir plus réceptifs, d'approfondir notre compréhension et de guérir de notre sentiment d'être séparés de l'Amour, de la Vie et de Dieu — avec tout notre esprit, tout notre cœur et toute notre âme.

En résumé

En nous concentrant sur la prospérité et sur le bien, nous les attirerons dans notre existence. Au contraire, en nous tournant vers le manque et les limitations, nous créons le manque et la pauvreté dans notre vie.

Ceux qui bénéficient de la véritable abondance (l'approvisionnement constant) et d'une vie prospère se montrent conscients des pouvoirs créateurs de l'Esprit. Ils comprennent qu'en imprégnant en permanence leur subconscient d'idées d'abondance spirituelle, mentale et matérielle, celui-ci s'assure automatiquement d'attirer ces biens dans leur vie.

Nous vivons dans un Univers de dualités. Le cadeau le plus merveilleux que Dieu nous offre, et qui s'avère aussi le défi le plus grand qui soit, est celui de notre libre arbitre, c'est-à-dire la possibilité de choisir entre le bien et le mal, la santé et la maladie, la pauvreté et l'abondance. La décision nous appartient et nous devons la prendre avec prudence.

Notre humeur peut passer de l'euphorie au désespoir, du plaisir à la douleur, de la joie à la tristesse, mais lorsque nous comprenons que ces extrêmes ne constituent que des manifestations d'un même principe — créateur et dynamique en permanence —, nous ne craignons plus les opposés qui nous entourent.

Dieu nous a dotés du libre arbitre et tant que nous l'utiliserons mal ou avec malveillance, le monde continuera d'être tourmenté par la corruption, le crime et les guerres. Cependant, lorsque nous accepterons d'assumer la responsabilité de nos choix et de nos décisions – individuellement et collectivement –, ces maux pourront disparaître.

•●• •●•

Chapitre dix

La Règle d'or

« Ne fais pas aux autres ce que tu ne voudrais pas qu'ils te fassent. » Cette Règle d'or se retrouve dans toutes les grandes religions du monde. On dit même qu'elle représente l'*essence* de toute religion. Quand on demanda au grand sage Hillel, qui vécut un siècle avant Jésus, ce qui constituait selon lui la clé de voûte des Écritures, il répondit : « La notion la plus importante consiste à ne pas faire à ton prochain ce que tu ne voudrais pas qu'il te fasse. » Les psychologues modernes considèrent cette règle comme un facteur essentiel à l'élaboration de relations saines.

Quel est le rapport entre cette règle et la richesse ? Hillel répond également à cette question lorsqu'il dit : « Si je ne suis pas pour moi, qui sera pour moi ? Et si je ne suis que pour moi, que suis-je ? » Dieu nous donne accès à la richesse et à l'abondance. Nous avons le devoir de tirer le meilleur profit de nos talents et des occasions qui se présentent à nous, ainsi que celui de ne pas nous occuper uniquement de nous-mêmes, mais aussi des autres.

Si nous faisons de ce principe notre code moral et notre principe directeur, il exercera une influence dynamique sur notre vie quotidienne. Ce principe correspond au trésor de sagesse qui réside au plus profond de notre être – une ligne directrice intérieure ancrée dans le cœur et dans l'âme de chaque homme et de chaque femme. Nous sommes guidés pour agir dans l'intérêt de chacun – dans nos relations, nos investissements, notre travail et dans tout ce que nous entreprenons. La Règle d'or incarne la clé qui libère les bienfaits pour les laisser affluer dans notre existence.

Il n'y a pas de trace de l'expression « règle d'or » dans les Écritures saintes et on ne sait pas vraiment d'où elle tire son origine. Cela dit, son principe se voit repris dans l'Évangile selon saint Matthieu, VII, 12 : « Tout ce que vous voulez que les autres fassent pour vous, faites-le de même pour eux, car c'est la Loi et les Prophètes. » Il s'agit de l'essence même des Écritures : guérir les êtres humains de leur sentiment de séparation d'avec la Source unique que nous appelons Dieu.

Il s'avère très intéressant d'observer la façon dont la Règle d'or se trouve utilisée dans les enseignements orientaux et dans la Bible judéo-chrétienne. Environ cinq cents ans avant la naissance de Jésus vivait un philosophe du nom de K'ong-fou-tseu, plus connu en Occident sous le nom de Confucius. Selon lui, le principal devoir de l'être humain consistait à s'inspirer de la nature et à apprendre à vivre en harmonie avec son environnement, avec lui-même et avec les autres.

Attristé par la misère et la pauvreté qui l'entouraient, ainsi que par la malhonnêteté du gouvernement, il en était arrivé à la conclusion que la solution à tous ces problèmes résidait dans un code d'éthique prenant sa source à un niveau individuel. Selon Confucius, si un individu améliorait son comportement, il en résulterait que sa famille, sa collectivité et son gouvernement se transformeraient également et pourraient atteindre une pureté et une solidité morales.

Il fut le premier, parmi les plus grands guides spirituels, à énoncer la Règle d'or, qu'il a présentée sous la forme négative : "Ne faites pas à autrui ce que vous ne voulez pas qu'on vous fasse à vous-même." Notez qu'Hillel a formulé la même phrase, pratiquement mot pour mot, quelques siècles plus tard.

De toute évidence, il est mal de voler, de mentir et de tuer — et conformément à la Règle d'or, nous ne ferions pas aux autres ce que nous ne voudrions pas qu'ils nous fassent. Quoi qu'il en soit, il s'avère tout aussi important que nous fassions pour les autres ce que nous aimerions les voir faire pour nous, par exemple en leur prouvant notre intérêt pour eux ou en nous montrant courtois et aimables avec eux. Tous les jours, le comportement de nombreux individus nous prouve à quel point ce type de bonnes manières fait défaut. Il n'est pas inhabituel d'entendre quelqu'un dire : « Quoi que je fasse, ce n'est jamais suffisant. Il (ou elle) ne sait pas apprécier ce que je fais pour lui (elle) et ne me dit jamais merci. »

Vous arrive-t-il de dire : « Merci, je t'apprécie beaucoup. Je trouve que tu es la personne la plus merveilleuse qui soit » ? Si vous avez envie d'entendre ces paroles stimulantes, il serait bon que vous commenciez à les dire aux autres – entraînez-vous à le faire tous les jours, jusqu'à ce que vous soyez à l'aise – en y croyant vraiment. La Règle d'or est la pratique de l'amour. Cela peut vous paraître simpliste, mais essayez-la et vous serez agréablement surpris. Les relations ou les mariages réussis ne sont pas le fruit du hasard. Ils doivent être cultivés et nourris pour pouvoir s'épanouir. C'est sur cela uniquement que repose la Règle d'or.

Vous recevrez à l'image de ce que vous donnez – aussi bien pendant les périodes difficiles que durant les bonnes séquences. Nous devrions nous poser régulièrement la question suivante : « Ai-je envie de recevoir ce que je donne à mon prochain ? » Si la réponse est « oui », tout va bien. Mais si vous répondez « non », commencez à réfléchir à ce que vous créez. Si vous profitez d'une personne, vous devez vous attendre à ce qu'il vous en soit fait de même à un moment donné.

On dit que ceux qui appliquent la Règle d'or se voient rarement pris au dépourvu. En effet, ils sont avertis, guidés et protégés. La Présence toute-puissante du Très Haut veille sur eux – pour Confucius, cette Présence s'appelait l'*esprit* ou les *cieux*, et pour nous il s'agit de Dieu.

Lorsque nous réalisons que cette Règle d'or a été prônée par les penseurs, les sages et les mystiques les plus éclairés de l'Histoire, nous pouvons mesurer l'ampleur de leur sagesse. Ils avaient déjà compris ce qu'il y avait à savoir sur la Présence unique même s'ils l'appelaient par des noms différents.

Vers le sixième siècle avant Jésus-Christ, le monde oriental traversa une période importante d'éveil spirituel. En effet, les idées de Lao-Tseu, dont les travaux servirent de base au taoïsme, de même que ceux de Confucius, s'étendirent à la grandeur de la Chine. Les prophètes tels que Jérémie, Ézéchiel et Isaïe exhortèrent quant à eux les Hébreux à s'en tenir à leurs objectifs en demeurant une nation soudée.

C'est au cours de cette période riche en événements que Mahâvira établit les bases du jaïnisme en Inde. C'était un être d'une grande profondeur qui insistait sur l'importance de ne pas dépendre du clergé ou des dieux à la mode, mais de se tourner plutôt vers Celui qui répond à nos méditations.

Mahâvira se voyait attristé de constater que même si les gens se montraient bienveillants avec leurs proches quand tout allait bien, dès que l'un d'entre eux subissait un revers de fortune, ses soi-disant « proches » disparaissaient bien souvent sans offrir de consolation, de réconfort ou d'encouragement.

« Ne leur tournez pas le dos, disait-il. Ce n'est pas une bonne façon de se conduire et ce n'est pas sage. Car votre tour viendra aussi. Nous devrions avoir les mêmes égards pour ceux qui nous accompagnent que pour nous-mêmes — dans le bonheur comme la souffrance, dans la joie comme la tristesse, pour le meilleur comme pour le pire. »

Il arrive que les difficultés et la souffrance des autres nous rendent maladroits et nous mettent mal à l'aise, mais nous devrions au moins essayer de les réconforter — sans rien attendre en retour —, pour la simple raison qu'il s'agit de la chose à faire.

L'application de la Règle d'or selon Mahâvira se veut peut-être celle qui, parmi toutes les versions qui en ont été présentées au cours des six siècles avant notre ère, s'est posée en modèle de compassion et de bienveillance. Le taoïsme, qui fut fondé par le noble Lao-Tseu, exprime des sentiments similaires : « Considérez le gain de votre voisin comme votre propre gain, et la perte de votre voisin comme votre propre perte. » Ce précepte rappelle ce qui se trouve écrit dans la Bible : « Tu aimeras ton prochain comme toi-même. » L'application de cette règle nous permet de nous éveiller à la compassion – cette empathie à l'égard de notre entourage qui nous permet d'être plus généreux d'esprit et de cœur envers les autres et d'être plus tolérants envers leurs opinions et leurs idées.

Au début, nous devons nous poser les questions suivantes : *Comment voudrais-je voir mon prochain (ou toute autre personne de mon entourage) se comporter avec moi si j'étais à sa place ? Comment aimerais-je le voir considérer mon gain : avec envie, convoitise et jalousie ? Comment aimerais-je le voir considérer ma perte ? Avec un total manque d'intérêt ? Ou même avec une certaine malice ? Même si nous sommes en désaccord sur un sujet, apprécierais-je que mon prochain me permette d'exprimer mon opinion ?*

En méditant sur cette Règle d'or, nous prendrons contact avec la douceur et le calme qui nous habitent. Nous remarquerons également que les membres de notre entourage, pour la plupart d'entre eux, viendront à nous dans un état d'esprit différent, plus raisonnable et posé. Il ne fera alors aucun doute que la compassion, la douceur et la patience seront en train de s'ancrer en nous et de s'emparer des rennes de notre vie, comme notre âme l'aura souhaité.

Je connais de nombreuses personnes qui ont passé des années à prier pour trouver la paix d'esprit et la patience, sans se rendre compte que l'un des moyens d'y parvenir consistait à pratiquer la compassion, laquelle représente l'une des facettes de l'amour.

Lao-Tseu nous invite à communier dans le calme. Méditez sur le lien qui vous unit, de même que votre prochain, à Dieu. Ainsi, Il vous entendra et vous bénira tous les deux. *Arrêtez, et sachez que je suis Dieu.*

Bien que certaines personnes considèrent la gentillesse comme une faiblesse, il s'agit d'une idée erronée. Une personne gentille n'en est pas moins solide et déterminée. Ce trait de caractère nécessite en réalité une force de caractère et une persévérance considérables. Tous les avatars et les fondateurs des différentes religions avaient en commun leur douceur et leur gentillesse. Cela dit, ils furent suffisamment puissants pour transformer les mentalités de millions de personnes et les inciter à mener une vie meilleure et plus morale.

Malgré le fait que certains pays orientaux soient actuellement mêlés à des conflits, à des guerres et à des actes de terrorisme, leurs religions nous ont toujours enseigné les avantages de la compassion, de la tolérance et de la prise de l'acceptation de nos responsabilités à l'égard de notre entourage.

Par exemple, avec le sikhisme, la Règle d'or est : Estime les autres comme tu t'estimes toi-même, et tu deviendras un allié au paradis.

On doit cette doctrine au fondateur des sikhs, le gourou Nanak Dev, ancien adepte de l'hindouisme qui chercha à rassembler les idées les plus inspirantes des religions hindoue et musulmane aux quinzième et seizième siècles. Ce gourou réussit merveilleusement à réunir les deux religions, insistant particulièrement sur le fait qu'il n'existe qu'une Présence, un Pouvoir et une Intelligence. C'est de là que tout provient, et c'est là que tout retourne. Ce principe est connu sous différentes appellations, mais il reste le même, peu importe le nom que nous lui donnons.

Estime les autres comme tu t'estimes toi-même, et tu deviendras un allié au paradis. Cette Règle d'or nous invite à avoir une meilleure opinion des autres et de nous-mêmes, ainsi qu'à devenir plus tolérants envers leurs opinions et leurs croyances, que celles-ci se conforment ou non aux nôtres.

De la même façon que nous souhaitons pour nous-mêmes une liberté de pensée et la possibilité d'effectuer des choix, nous devons partir du principe que ces perspectives se révèlent tout aussi importantes pour les autres. Devenir un « allié au paradis » signifie contribuer à ce que les autres bénéficient de la même liberté de penser, de parler, de prier et de voter que nous. Il s'agit d'une alliance dans laquelle nous donnons au moins autant que ce que nous nous attendons à recevoir.

La Règle d'or s'avère d'une telle puissance que si elle se voyait pratiquée à l'échelle universelle et appliquée à l'ensemble des décisions, jugements et opinions qui existent, notre monde serait totalement différent. Il se transformerait en un paradis terrestre. Si tous les êtres humains la respectaient — collectivement et individuellement –, il n'y aurait plus de guerre, de crime, de cruauté, d'inhumanité, de pauvreté et de souffrance.

Nous pouvons enrichir notre vie en adhérant à la Règle d'or, c'est-à-dire en laissant l'amour et la bienveillance guider nos actes. Nous pouvons créer une nouvelle Terre et un nouveau paradis que nous n'avons peut-être jamais connus. Nous recevrons des trésors inimaginables et nous vivrons dans la paix, l'harmonie et l'abondance, dans le paradis de notre esprit et de notre cœur, enveloppés par la Présence toute-puissante, ou Dieu – qui protège et qui aime tout ce qui est.

En résumé

La Règle d'or constitue un précieux fil conducteur que l'on retrouve dans les principaux systèmes de philosophie et de religion. Elle ne se trouve pas toujours présentée de la même façon, mais l'idée sur laquelle elle repose est toujours la même : nous devrions traiter les autres comme nous voulons être traités, et nous devrions accepter que les autres aient la même liberté de croyance, de culte et d'acquisition que celle que nous désirons pour nous-mêmes.

Quand nous adoptons cette attitude comme code éthique, elle exerce une influence dynamique sur notre vie quotidienne. Ce principe correspond au trésor de sagesse qui réside au plus profond de notre être – une ligne directrice intérieure ancrée dans le cœur et dans l'âme de chaque homme et de chaque femme.

La Règle d'or est la pratique de l'amour. Les relations ou les mariages réussis ne sont pas le fruit du hasard. Ils doivent être cultivés et nourris pour pouvoir s'épanouir. C'est sur cela uniquement que repose la Règle d'or.

Diverses religions mettent l'accent sur l'importance de la Règle d'or. Le taoïsme dit : « Considérez le gain de votre voisin comme votre propre gain, et la perte de votre voisin comme votre propre perte. » Ce précepte rappelle ce qui se trouve écrit dans la Bible : « Tu aimeras ton prochain comme toi-même. »

L'application de cette règle nous permet de nous éveiller à la compassion – cette empathie à l'égard de notre entourage qui nous permet d'être plus généreux d'esprit et de cœur envers les autres et d'être plus tolérants envers leurs opinions et leurs idées.

Le sikhisme encourage également la tolérance individuelle et la responsabilité personnelle. *Estime les autres comme tu t'estimes toi-même, et tu deviendras un allié au paradis.* Cette Règle d'or nous invite à avoir une meilleure opinion des autres et de nous-mêmes, ainsi qu'à devenir plus tolérants envers leurs opinions et leurs croyances, que celles-ci se conforment ou non aux nôtres.

Nous pouvons enrichir notre vie en adhérant à la Règle d'or. Nous pouvons créer une nouvelle Terre et un nouveau paradis que nous n'avons peut-être jamais connus – un monde de compassion, de prospérité et d'amour pour tous.

Chapitre onze

Votre avenir : l'art de l'anticipation

L'ANTICIPATION EST L'ART DE RÉALISER nos projets et nos objectifs intérieurs par le biais de notre sagesse innée et infinie : la Présence créatrice et curative infinie. Elle vous permet d'être en harmonie avec les grands principes de vie et de faire votre part du « travail » — en sachant que toutes les choses naissent de l'Esprit universel infini, ou du Dieu aimant.

En anticipant, nous utilisons notre imagination, qui constitue le plus grand pouvoir qui ait jamais existé et qui existera à jamais. La Présence créatrice infinie, que nous appelons Dieu, nous répond toujours en fonction de la nature de nos images et idées intérieures.

Il nous arrive tous de nous demander : *Que me réserve l'avenir, à moi et à mes proches ? Que vais-je devenir ?* Ces questions engendrent automatiquement d'autres interrogations : « Le destin existe-t-il ? Dieu est-il responsable de notre avenir ? Avons-nous notre mot à dire dans ce qui va nous arriver ? Avons-nous une responsabilité ? »

Il s'agit là de questions que tout être humain pensant s'est posées au moins une fois dans sa vie. Les réponses nous appellent maintenant du plus profond de notre cœur et nous avons la capacité de les entendre et d'agir de façon constructive.

Dans la Bible, nous pouvons lire l'histoire de Moïse qui, après avoir passé plusieurs années en exil, vit un buisson brûler sous ses yeux alors qu'il faisait paître son troupeau de moutons. Lorsque le Seigneur constata que Moïse revenait sur ses pas pour observer le buisson de plus près, Il l'interpella : « Moïse, Moïse, Je suis là ! N'approche pas d'ici, ôte tes souliers de tes pieds, car le lieu sur lequel tu te tiens est une terre sainte. »

Tandis que Moïse regardait le buisson, un ange (messager) du Seigneur lui apparut au milieu des flammes et lui ordonna d'aller en Égypte pour libérer les Israélites de leur asservissement.

Ce buisson, qui se trouvait enveloppé de flammes, brûle en chacun de nous. Il représente le feu divin à l'intérieur de nous : notre désir brûlant de nous élever pour être plus que ce que nous sommes maintenant — de faire, de donner, de posséder et d'exprimer plus que par le passé. C'est ce feu qui éclaire le chemin de tous ceux qui viennent dans ce monde.

Dans son Sermon sur la montagne, Jésus proclama : « Vous êtes la lumière du monde. [...] Que votre lumière luise si bien devant les hommes qu'à la vue de vos bonnes œuvres, ils glorifient votre Père qui est dans les cieux. » C'est le Feu divin de la vie — l'énergie qui brûle en nous. Il ne nous consumera pas ni ne nous entraînera vers la mort.

Chaque être humain correspond à une flamme du Feu divin, qui se voit attisé par toutes les promesses d'un nouveau potentiel. Nous sommes ici pour prendre conscience du divin en nous qui possède la connaissance, l'intelligence et la sagesse infinies, et qui souhaite prendre soin de nous tous.

Cette prise de conscience s'avère l'objectif principal de notre vie. Lorsque nous le comprenons, tout le reste retrouve sa juste place dans l'harmonie. Nous pouvons envisager l'avenir avec confiance et sérénité. La vérité se révèle inspirante, pratique et pragmatique — et elle produit des résultats bénéfiques.

Il n'existe que deux façons d'envisager l'avenir : avec peur ou avec foi et confiance dans la Présence infinie qui ne change pas. Notre état de conscience actuel est la « terre sainte ». C'est de là que nous partons, avec confiance dans nos capacités merveilleuses, nos talents innés et nos idéaux nobles.

Nombre d'entre nous ont entendu dire que nous devions apprendre et lire davantage, suivre plus de cours ou assister à des séminaires plus coûteux. Tout ceci peut être intéressant et utile, mais nous devons apprendre à mettre de côté ce que les autres nous disent et à déterminer quelles sont nos propres valeurs et croyances. Nous sommes appelés à nous tourner vers l'intérieur.

De la même façon que Moïse passa du temps en exil dans le désert du Sinaï, il y a des moments où nous devons également nous retrouver dans notre désert intérieur. Lorsque nous avons essayé toutes les solutions auxquelles nous avons pensé – et qu'après avoir épuisé toutes nos ressources, nous nous sentons épuisés et découragés –, nous nous en remettons à l'Esprit divin en nous.

Le désert constitue une métaphore qui illustre le vide qui nous habite lorsque nous ne pouvons pas sentir ou imaginer les feux de l'inspiration, de l'intuition et de l'imagination spirituelle. Cet état de vide est récurrent et nous ne devrions pas en avoir peur. Comme le Seigneur l'a dit à Moïse, nous nous tenons sur une terre sainte. Nous apprenons avec notre esprit, notre cœur et notre âme que nous ne devons pas être victimes des peurs et des préjugés que nous avons hérités du monde.

Nous devons partir de là où nous nous trouvons maintenant et envisager ce désert biblique pour ce qu'il est : un lieu de repos solitaire où nous pouvons nous réfugier pour fuir la confusion, le bruit et les complexités d'un monde qui se révèle souvent décourageant. À partir de là, nous pouvons examiner le flux de nos pensées. Nous pourrions être surpris de constater le nombre de ces pensées qui concernent un passé regretté ou un avenir incertain.

Les philosophes, les psychologues et les guides religieux nous conseillent depuis des années de vivre dans le présent, mais peu d'entre nous le font. Au contraire, nous préférons nous appesantir sur nos échecs passés et anticiper l'avenir avec crainte. Pourtant, nous vivons toujours dans le moment présent puisque nous ne pouvons pas faire autrement. Il s'agit d'une grande vérité : lorsque nous nous inquiétons pour l'avenir ou que nous repensons au passé avec regret, nous le faisons dans le présent. Le passé ne se trouve en fait constitué que de vieilles scènes et de vieux événements que nous ramenons à notre conscience présente. Le futur n'existe pas encore.

Par conséquent, ce sont nos pensées dans le présent qui déterminent si nous sommes heureux ou non.

De la même façon que Moïse fut guidé pour mener le peuple d'Israël vers la terre promise, nous avons nous aussi une mission. Quand nous comprendrons que nous contrôlons notre destin, nous pourrons nous guérir, nous épanouir et prendre réellement contact avec la Présence vivante du Dieu aimant. C'est ce que l'avenir nous réserve : une existence plus merveilleuse que celle que nous avons connue jusqu'à présent.

Dieu nous a donné toutes les bonnes choses : le Soleil, la Lune, les étoiles et tout ce qui nous est nécessaire pour vivre. Il est de notre responsabilité d'apprendre à bien recevoir – et d'éliminer de notre conscience tout ce qui s'avère contraire à nos désirs, à nos objectifs et à la « terre promise ».

La prière et la méditation nous aideront à éviter la rancœur, la colère et le désir de vengeance. Si ces sentiments négatifs surgissent en vous, retrouvez votre calme en vous convainquant qu'il existe un meilleur moyen. Sachez vous pardonner et lâcher prise. Laissez le Principe de l'esprit faire son œuvre. Écoutez la voix qui s'élève du buisson en flammes : « J'ai vu la souffrance de mon peuple, qui est en Égypte. [...] Je suis descendu pour le délivrer de la main des Égyptiens et pour le faire monter de ce pays dans une terre fertile et spacieuse, dans une terre où coulent le lait et le miel. »

Lorsque Moïse reçut l'ordre de guider les Israélites, il demanda à Dieu de lui dire Son nom afin qu'il puisse s'en servir pour les convaincre de le suivre. Dieu lui répondit : « Je suis celui qui suis. C'est ainsi que tu répondras aux enfants d'Israël : Celui qui est m'envoie vers vous. »

« Je suis » est l'affirmation d'un être conscient – qui se voit formulée par tous les hommes et toutes les femmes. Quand vous dites « Je suis », vous déclarez la présence du Dieu aimant en vous. « Celui qui » indique ce que vous voulez, désirez et aimeriez être.

Qu'affirmez-vous être lorsque vous dites « Je suis » ? Dites-vous : « Je suis effrayé, pauvre, malheureux » ? Ou affirmez-vous dans la sérénité : « Je suis un enfant de la Présence vivante et aimante. Je suis destiné à devenir meilleur qu'avant. Je suis divinement guidé vers mon idéal de vie, où je peux exprimer le meilleur de moi-même et devenir une bénédiction pour toute l'humanité » ?

Décidez d'éliminer de votre vocabulaire des phrases telles que « Je suis effrayé », « Je suis pauvre » ou « Je suis malade », parce qu'elles nient les idéaux que vous souhaitez voir s'exprimer. Parlez avec confiance et assurance. Méditez sur le « Je suis » et l'étincelle de foi se transformera en flamme – un feu qui éclaire toute votre vie.

Dieu est éternel – sans âge et immuable. Cette immuabilité en vous est consciente de l'immuabilité du divin Tout-Puissant. La Présence infinie en vous sait qu'hier n'est que la mémoire d'aujourd'hui et que demain est son rêve. Répétez souvent dans la journée : *Dieu est avec moi à chaque instant et je suis un enfant bien-aimé du Père aimant.*

Si vous croyez au Pouvoir et à la Source uniques, vous pourrez surmonter la pauvreté et le manque, et vous aurez foi en votre réussite. Vous supprimerez toutes les pensées de pauvreté et de manque de votre esprit, puis vous programmerez votre subconscient pour un avenir de bien-être, de prospérité et d'épanouissement.

En résumé

Chaque être humain correspond à une flamme du Feu divin, qui se voit attisé par toutes les promesses d'un nouveau potentiel. Nous sommes ici pour prendre conscience du divin en nous qui possède la connaissance, l'intelligence et la sagesse infinies, et qui souhaite prendre soin de nous tous.

Il n'existe que deux façons d'envisager l'avenir : avec peur ou avec foi et confiance dans la Présence infinie qui ne change pas. Quand nous comprendrons que nous contrôlons notre destin, nous pourrons nous guérir, nous épanouir et prendre réellement contact avec la Présence vivante du Dieu aimant. La vie nous réserve des merveilles.

Décidez d'éliminer de votre vocabulaire des phrases telles que « Je suis effrayé », « Je suis pauvre » ou « Je suis malade ». En prononçant de telles paroles, vous niez l'idéal et le bien auxquels vous aspirez. Parlez plutôt avec assurance de vos merveilleuses capacités, de votre santé parfaite et de vos idéaux nobles.

Méditez sur le « Je suis » ou sur la Présence infinie, et l'étincelle de foi se transformera en flamme – un feu qui éclairera votre chemin. Hier est la mémoire d'aujourd'hui et demain est son rêve. Acceptons que notre présent se rappelle de notre passé avec sérénité et envisage l'avenir avec une anticipation bienveillante.

À propos de Joseph Murphy

Joseph Murphy est né le 20 mai 1898 dans une petite ville du comté de Cork, en Irlande. Son père, Denis Murphy, était diacre et professeur à la National School of Ireland, une école jésuite. Sa mère Ellen, née Connelly, était femme au foyer, et elle donna naissance à un autre fils, John, ainsi qu'à une fille, Catherine.

Joseph reçut une éducation catholique stricte. Son père était un dévot et faisait partie des rares professeurs qui donnaient des cours à des séminaristes jésuites. Il possédait une grande culture et il contribua au désir d'étudier et d'apprendre de son fils.

À cette époque, l'Irlande traversait l'une de ses nombreuses dépressions économiques et beaucoup de familles n'avaient pas de quoi se nourrir. Même si Denis Murphy disposait d'un emploi stable, ses revenus se révélaient à peine suffisants pour subvenir aux besoins de sa famille.

Joseph fit ses études à la National School où il obtint de très bons résultats. On lui conseilla d'étudier pour devenir prêtre et il fut accepté chez les séminaristes jésuites. Cependant, à l'approche de la vingtaine, il commença à remettre en question l'orthodoxie catholique, de telle sorte qu'il décida de quitter le séminaire. Comme son objectif consistait à explorer de nouvelles idées et à effectuer de nouvelles expériences — objectif qu'il ne pouvait atteindre dans une Irlande dominée par le catholicisme —, il quitta sa famille pour se rendre en Amérique.

Il arriva au Centre d'immigration d'Ellis Island avec seulement cinq dollars en poche, visant en tout premier lieu à trouver un endroit où vivre. Il eut la chance de découvrir une maison où il partagea une chambre avec un employé de la pharmacie locale.

Joseph maîtrisait mal la langue anglaise, puisqu'il parlait en langue gaélique chez lui et à l'école, si bien qu'il dut œuvrer comme journalier, ce qui lui permettait de gagner tout juste assez d'argent pour se loger et se nourrir.

Il se lia d'amitié avec son camarade de chambre et lorsqu'un poste s'ouvrit à la pharmacie où ce dernier travaillait, il fut embauché comme aide-pharmacien. Il s'inscrivit immédiatement dans une école de pharmacie et grâce à ses capacités intellectuelles et à sa motivation, il réussit les examens pour devenir pharmacien. Ses revenus furent alors suffisants pour qu'il puisse louer son propre appartement. Au bout de quelques années, il racheta la pharmacie et se retrouva à la tête d'un commerce florissant durant les années suivantes.

Quand les États-Unis entrèrent dans la Seconde Guerre mondiale, Joseph s'enrôla dans l'armée, où il travailla comme pharmacien dans l'unité médicale de la 88e division d'infanterie. C'est à cette époque qu'il renouvela son intérêt pour la religion et qu'il se mit à lire avec ardeur quantité d'ouvrages spirituels. Une fois sorti de l'armée, il opta pour ne pas reprendre sa carrière de pharmacien. Il voyagea beaucoup et il prit des cours dans plusieurs universités des États-Unis et de l'étranger.

Ses études sur les religions asiatiques le passionnèrent à un tel point qu'il décida de se rendre en Inde pour les explorer en profondeur. Il étudia donc les principales croyances de leurs origines jusqu'à maintenant et il poursuivit sa recherche jusqu'aux grands philosophes qui marquèrent l'histoire depuis les temps anciens.

Bien qu'il ait reçu les enseignements de certains des professeurs les plus brillants et les plus réputés, la personne qui eut la plus grande influence sur lui fut le docteur Thomas Troward, qui était à la fois juge, philosophe, médecin et enseignant. Cet individu devint le mentor de Joseph et lui fit découvrir l'étude de la philosophie, de la théologie et du droit, ainsi que le mysticisme et l'ordre maçonnique. Joseph devint un membre actif de cet ordre et gravit les grades maçonniques au fil des ans, jusqu'au 32e degré du Rite écossais.

Lorsqu'il retourna aux États-Unis, il choisit de devenir ministre du culte et de transmettre ses vastes connaissances au public. Étant donné que sa notion du christianisme était loin d'être traditionnelle, puisque celui-ci allait à l'encontre de la plupart de ses convictions, il fonda sa propre Église à Los Angeles. Dans un premier temps, ses fidèles se montrèrent peu nombreux, mais son message d'optimisme et d'espoir, qui tranchait des sermons habituels sur le péché et la damnation, attira rapidement de multiples hommes et femmes dans son église.

Joseph Murphy fut un partisan du mouvement de la Nouvelle Pensée, lequel prit naissance vers la fin du dix-neuvième et le début du vingtième siècle grâce à des philosophes et penseurs qui étudiaient ce phénomène, et qui prêchaient et pratiquaient cette nouvelle vision de la vie en plus d'écrire à son sujet. En combinant une approche métaphysique, spirituelle et pragmatique aux modes de pensée et de vie courants, ils découvrirent le secret de la réalisation des rêves.

Les partisans du mouvement de la Nouvelle Pensée prêchaient une nouvelle vision de la vie basée sur des principes pratiques et spirituels que nous pouvons tous utiliser pour enrichir notre vie et obtenir des résultats parfaits. Ceci se trouve à notre portée à partir du moment où nous avons compris la loi que Dieu semble avoir énoncée sous forme d'énigmes.

Le docteur Murphy n'était évidemment pas le seul à transmettre ce message positif. Plusieurs Églises, dont les ministres et les fidèles se révélaient partisans du mouvement de la Nouvelle Pensée, furent créées au cours des décennies suivant la fin de la Seconde Guerre mondiale. L'Église de la Science Religieuse, l'Église Unity, de même que d'autres lieux de culte, prêchent aujourd'hui des philosophies similaires. Le docteur Murphy décerna à son institution le nom d'Église de la Science Divine. Il y partageait régulièrement ses interventions avec d'autres orateurs et il forma de nombreux hommes et femmes afin de pouvoir les accueillir dans son ministère.

Au fil des ans, d'autres églises se joignirent à lui, donnant ainsi naissance à un organisme appelé Federation of Divine Science, lequel regroupait toutes les églises de la Science Divine. Les ministres des différentes églises de la Science Divine continuent à encourager l'enseignement de leur philosophie, et le docteur Murphy appuya la création de la Divine Science School à Saint Louis, dans le Missouri, dans le but d'instruire de nouveaux pasteurs et de fournir une éducation permanente pour les ministres et les fidèles.

La rencontre annuelle des ministres de la Science Divine constituait un événement à ne pas manquer et le docteur Murphy faisait partie de ses principaux intervenants. Il stimulait les participants à étudier et à poursuivre leur apprentissage en les dirigeant essentiellement vers l'exploration du subconscient.

Durant les années suivantes, les ouailles de l'église locale de la Science Divine de Murphy devinrent si nombreuses que le bâtiment n'était plus assez grand pour les accueillir. Il décida alors de louer le Wilshire Ebell Theater, un ancien cinéma. Ses offices connurent un tel succès que ces nouvelles installations se révélèrent parfois insuffisantes pour recevoir tous les fidèles. Le docteur Murphy et ses collaborateurs prodiguaient également des cours en plus de ses offices du dimanche qui attiraient entre 1 300 et 1 500 personnes. Des séminaires et des conférences se voyaient organisés pratiquement tous les jours. Le Wilshire Ebell Theater de Los Angeles servit d'église jusqu'en 1976, date à laquelle celle-ci fut transférée à Laguna Hills, en Californie.

Afin de pouvoir s'adresser aux multiples individus qui souhaitaient entendre son message, le docteur Murphy inaugura une émission de radio hebdomadaire qui atteignit plus d'un million d'auditeurs. Quantité de ses adeptes, qui voulaient obtenir plus que des résumés de ses interventions, lui suggérèrent d'enregistrer ses conférences et ses émissions de radio. Même s'il se montra réticent au premier abord, il opta pour tenter l'expérience. Ses programmes radio se virent donc fixés sur de grands disques 78 tours, ce qui représentait une pratique courante à l'époque. Il en fit six cassettes qu'il déposa dans le hall du Wilshire Ebell Theater, et celles-ci se vendirent en moins d'une heure. C'est ainsi qu'une nouvelle aventure s'amorça. Les cassettes de ses conférences, sur lesquelles il analysait des textes bibliques et proposait des méthodes de méditation et de prière, se détaillaient non seulement sur place, mais aussi dans d'autres églises, de même que dans des librairies et par correspondance.

Comme les membres de la congrégation se révélaient de plus en plus nombreux, le docteur Murphy s'entoura d'un personnel professionnel et administratif pour l'aider à gérer les multiples programmes qu'il dirigeait et pour l'assister dans la préparation de ses premiers livres. L'une de ses employées les plus efficaces était sa secrétaire administrative, Jean Wright. Leur relation de travail se transforma en relation amoureuse, puis en mariage — ce partenariat, qui perdura toute leur vie, enrichit énormément leur existence.

À cette époque (les années 50), on retrouvait très peu d'éditeurs de grande envergure dans le domaine de la spiritualité. Le couple en repéra quelques-uns dans la région de Los Angeles et publia avec eux une série de petits livres (pour la plupart, des ouvrages de 30 à 50 pages sous forme de brochures) qui se vendaient principalement dans les églises, à un prix allant de 1,50 $ à 3 $ chacun. Lorsque les commandes augmentèrent au point qu'une deuxième et une troisième impressions s'avérèrent nécessaires, les grands éditeurs réalisèrent qu'il existait bien un marché pour ce genre de produits, et ils les ajoutèrent à leurs catalogues.

Le docteur Murphy se fit un nom en dehors de la région de Los Angeles grâce à ses livres, à ses cassettes et à ses programmes radio, et il fut invité à donner des conférences dans tout le pays. Il ne limitait pas ses interventions à des sujets religieux, mais il traitait également des valeurs historiques de la vie, de l'art de vivre sainement et des enseignements des grands philosophes — aussi bien orientaux qu'occidentaux.

Le docteur Murphy ne sachant pas conduire, il lui fallut donc organiser autrement ses différents déplacements vers les endroits où le menait son emploi du temps chargé. Une des fonctions de Jean, en tant que secrétaire administrative, et plus tard en tant qu'épouse, consistait à planifier ses missions, ses déplacements en train, en avion ou en voiture, ses séjours à l'hôtel, ainsi que tous les autres détails de ses voyages.

Le couple voyagea dans le monde entier. Animer des conférences sur des bateaux de croisière faisait partie des activités favorites du docteur Murphy. En effet, ces croisières duraient au moins une semaine et lui permettaient de visiter divers sites sur la planète. Au cours de ses exposés, il soulignait l'importance de comprendre le pouvoir du subconscient et des principes de vie basés sur la croyance en un Dieu, le « JE SUIS ».

Une des occupations les plus gratifiantes du docteur Murphy fut d'échanger avec des détenus en prison, car nombre d'entre eux, lorsqu'ils avaient fini de purger leur peine, lui écrivaient pour lui dire combien ses paroles les avaient inspirés et leur avaient donné envie de mener une existence tournée vers la spiritualité et la quête de sens.

Ses livres, qui se présentaient sous forme de brochures, connurent un tel succès qu'il décida de les étoffer. Sa femme nous révéla quelques-unes de ses habitudes et méthodes de travail, en nous confiant par exemple qu'il avait coutume d'appuyer tellement fort sur la pointe de son stylo que son écriture se retrouvait imprimée sur la page suivante de ses cahiers. Elle nous indiqua aussi qu'il semblait être en transe quand il se mettait à l'œuvre. Il s'enfermait généralement quatre à six heures par jour dans son bureau, n'en sortant que lorsqu'il estimait avoir suffisamment avancé pour la journée. Il faisait la même chose chaque jour et ne remettait pas les pieds dans son bureau jusqu'au lendemain matin. Il ne buvait ni ne mangeait pendant qu'il travaillait. Il préférait être seul avec ses pensées et son immense bibliothèque d'où il tirait parfois son inspiration. Sa femme empêchait les éventuels visiteurs ou appels téléphoniques de le déranger, et elle se chargeait également des affaires de l'église ainsi que d'autres tâches similaires.

Le docteur Murphy cherchait toujours une façon simple d'aborder les différents sujets. Il choisit d'enregistrer certaines de ses conférences sur des cassettes, des disques et des CD, à mesure que les technologies évoluaient.

Tous ses CD et cassettes peuvent être utilisés pour résoudre divers problèmes. Son message principal se résume au fait que la solution à nos difficultés se trouve en nous. Les éléments extérieurs ne peuvent pas modifier notre pensée, car notre esprit nous appartient. Pour vivre une vie meilleure, c'est votre esprit, et non les circonstances externes, qu'il se voit nécessaire de métamorphoser. Vous créez votre destin. Le pouvoir de transformation se situe dans votre esprit, et en mettant à profit la puissance de votre subconscient, vous pourrez apporter des changements positifs à votre existence.

Le docteur Murphy rédigea une trentaine d'ouvrages. Le plus populaire, *La puissance de votre subconscient*, publié pour la première fois en 1963, se classa immédiatement parmi les meilleures vendeurs. Il fut salué par la critique comme l'un des meilleurs guides de croissance personnelle jamais écrits. Des millions d'exemplaires en furent vendus et continuent de l'être dans le monde entier.

Les titres suivants font partie de ses best-sellers : *Le télépsychisme : La puissance cosmique ; L'Oracle de votre subconscient : I Ching, Le livre des transformations ; Le miracle de votre esprit ; Comment attirer l'argent, et L'énergie cosmique : cette puissance qui est en vous.*

Le docteur Murphy décéda en 1981, et sa femme Jean prit la relève après sa disparition. Lors d'une conférence qu'elle anima en 1986, elle réitéra la philosophie de son défunt mari dans ces termes :

> Je veux conscientiser les hommes et les femmes sur leur origine divine et sur le pouvoir qui règne en eux. Je veux leur dire que ce pouvoir est en eux et qu'ils sont les seuls capables de se

> sauver et d'obtenir leur salut. Ceci constitue le message de la Bible, et la confusion qui prévaut aujourd'hui se trouve principalement attribuable à l'interprétation littérale erronée qui est faite des vérités qu'elle contient, et qui ont le pouvoir de transformer une vie.
>
> Je veux atteindre la multitude, l'homme dans la rue, la femme qui, écrasée par ses tâches, ne peut exprimer ses talents. Je veux tous les aider à découvrir, à chaque niveau de conscience, les merveilles qui se cachent en eux.

Elle indiqua, à propos de son mari : « Il était un mystique pragmatique doté de l'intellect d'un érudit, de l'esprit d'un dirigeant efficace et du cœur d'un poète. » La quintessence de son message se voulait la suivante : « Vous êtes le maître et c'est vous qui dirigez votre royaume, car vous ne faites qu'un avec Dieu. »

Aussi disponibles

Optimisez votre potentiel grâce à la puissance de votre subconscient pour dépasser la Peur et l'Inquiétude

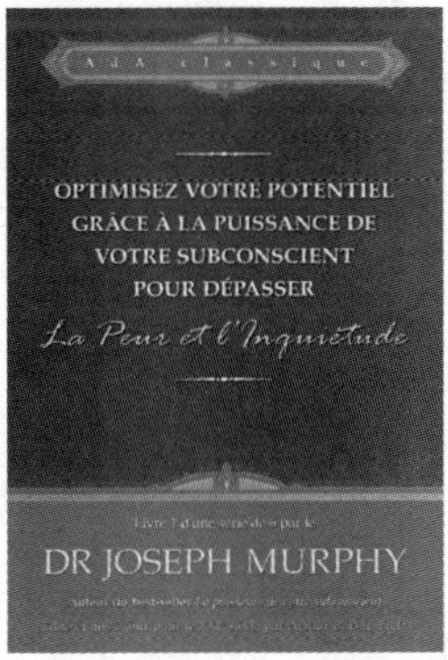

Croyez en vous-même

Techniques de thérapie par la prière

www.AdA-inc.com
info@AdA-inc.com